JN233344

知識ゼロからの ビジネス文書 入門

You can write the formal paper and document of your businesseasily.

挨拶状 お礼状 招待状・案内状 祝い状
紹介状・推薦状 お悔やみ状
報告書 議事録 退職届 委任状 契約書

Kenshi Hirokane

弘兼憲史

ビジネス文書入門●弘兼憲史
You can write the formal paper and document of your businesseasily.

幻冬舎

はじめに

ビジネスを成功させるために、最も大切なもの。それは、コミュニケーションだ。商品の注文から取引の契約、社内のプロジェクトにいたるまで、あらゆる仕事は、人と人との連携のもとに進められる。いかに相手とのやり取りを充実させ、意思疎通を図ることができるか。ビジネスマンたちに求められているものは、まさにこのコミュニケーション能力だと、私は思う。

本書で紹介する「ビジネス文書」は、相手との連携を密にするための手段だ。こちらの意思を正確に伝え、相手を納得させることができるよう、簡潔にまとめなければならない。

また、その役割は、単に実務をサポートすることだけではない。文書の中で、正しい敬語や丁寧な言い回しを使いこなせることは、社会人としての評価につながる。他社や上司との信頼関係を築くために、「礼節をわきまえた文書」を作成するには技術が求められる。

「簡潔」で「礼節をわきまえた」文書の作成は、慣れないうちは難しいもの。本書では、この点が特に求められる、「社外に向けて発信する文書」と「上司に対して作成する文書」を中心に、例文と作成のポイントを紹介する。

文体は丁寧だが、自らの主張ははっきり伝える。ビジネス文書の作成に必要な、そんなバランス感覚を身に付けていただきたい。

弘兼憲史

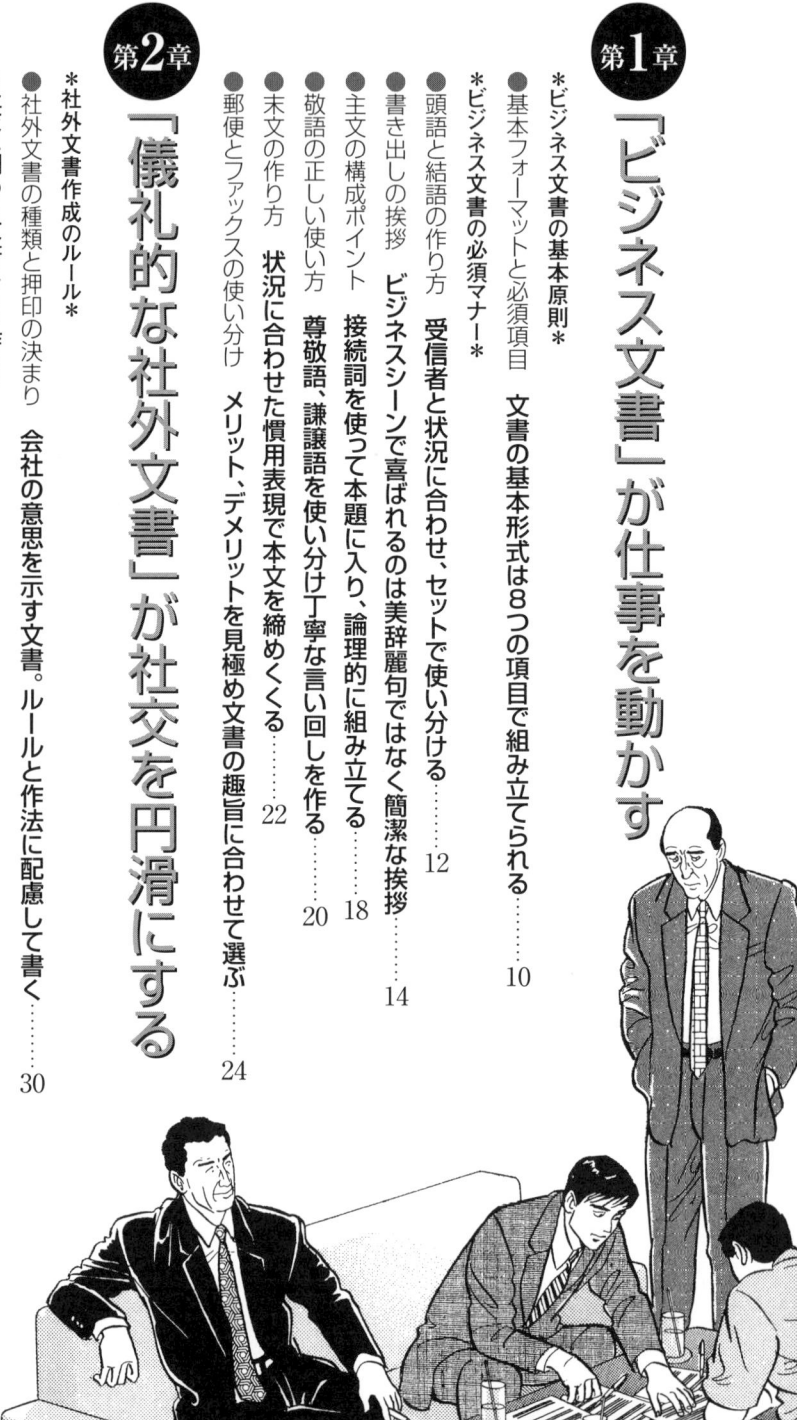

知識ゼロからのビジネス文書入門／目次

第1章 「ビジネス文書」が仕事を動かす

* ビジネス文書の基本原則*
- 基本フォーマットと必須項目　文書の基本形式は8つの項目で組み立てられる……10
* ビジネス文書の必須マナー*
- 頭語と結語の作り方　受信者と状況に合わせ、セットで使い分ける……12
- 書き出しの挨拶　ビジネスシーンで喜ばれるのは美辞麗句ではなく簡潔な挨拶……14
- 主文の構成ポイント　接続詞を使って本題に入り、論理的に組み立てる……18
- 敬語の正しい使い方　尊敬語、謙譲語を使い分け丁寧な言い回しを作る……20
- 末文の作り方　状況に合わせた慣用表現で本文を締めくくる……22
- 郵便とファックスの使い分け　メリット、デメリットを見極め文書の趣旨に合わせて選ぶ……24

第2章 「儀礼的な社外文書」が社交を円滑にする

* 社外文書作成のルール*
- 社外文書の種類と押印の決まり　会社の意思を示す文書。ルールと作法に配慮して書く……30
* 社交に関わる文書はこう作る*
- 挨拶をする（挨拶状）　感謝の気持ちを込めて格調高い文体で書く……32
　■例1：支社が移転しました／■例2：社内組織が一部変わりました／■例3：部署が異動になりました／■例4：出向しました／■例5：転職しました／■例6：○○に代わり支店長に着任しました／■例7：季節の挨拶をする

第3章 「実務に関わる社外文書」が会社の評価を決める

* 実務に関わる文書はこう作る *

● 通知する（通知状） 一目で内容が分かるよう記書きと件名を工夫する……70
■例1：夏期休暇のお知らせです／■例2：部署の電話番号が変わりました／■例3：休業日が変わりました／■例4：担当者の態度に顧客が怒っている／■例5：ご注文の商品は品切れです／■例6：採用試験の結果をお知らせします

● お詫びを言う（詫び状・弁明状） 誠心誠意、お詫びを述べる。弁明や善後策はその後で……64
■例1：不良品のクレームが来た／■例2：案内状の記述に誤りがあった／■例3：品違いの指摘に対して／■例4：担当者の態度に顧客が怒っている／■例5：値上げへのクレームが来た

● お悔やみを言う（お悔やみ状） 忌み言葉に注意し形式に従って作成する……60
■例1：関係先の親族の訃報に／■例2：取引先の社長の訃報に

● お見舞いを言う（見舞い状） 会いに行けないことを詫び、励ましの一言を添える……58
■例1：交通事故に対して／■例2：災害被害に対して

● 紹介・推薦する（紹介状・推薦状） 紹介することによって生じる相手のメリットをアピール……54
■例1：後任の担当者を紹介します／■例2：人材派遣会社を紹介します／■例3：名刺で紹介します

● お祝いを伝える（祝い状） お祝いと賞賛の言葉で、ともに喜ぶ姿勢を伝える……50
■例1：創立○周年おめでとう／■例2：新事務所の開業に対して／■例3：担当者の昇進に対して／■例4：退院おめでとう

● 招待・案内をする（招待状・案内状） 5W1Hを必ずチェック。地図を付ける配慮を忘れずに……46
■例1：創立記念パーティーを開催します／■例2：説明会を開きます／■例3：新作ウエアの展示会を開催

● お礼を言う（お礼状） 心を込めた文章で構成し、気持ちが伝わるよう工夫する……40
■例1：取引先を紹介してもらった／■例2：出張先に対して／■例3：栄転祝いに対して／■例4：災害見舞いに対して／■例5：葬儀の会葬に対して／■例6：記念パーティーへの出席に対して

知識ゼロからのビジネス文書入門／目次

● 問い合わせる（照会状）
■例1：商品の在庫を教えてください／■例2：取引条件を教えてください／■例3：注文と違う商品が届きました／■例4：注文した商品が届きません／■例5：発送予定日を教えてください
的を射た回答をもらうために具体的に質問する……76

● 依頼する（依頼状）
■例1：見積もりを出してください／■例2：資料を提供してください／■例3：原稿を書いてください／■例4：あの人物を紹介してください／■例5：アンケートに答えてください
誠意ある文章で頼み込み、相手を説得する……82

● 催促する（催促状・督促状）
■例1：納入予定の商品が届きません／■例2：商品の代金を支払ってください／■例3：返事をください
相手を責める表現は禁物。粘り強く交渉する……88

● 交渉する（交渉状）
■例1：製作費を下げていただけませんか／■例2：当初の納期で何とかお願いします／■例3：もっと高い値で買ってください
論理的に主張を展開しつつ、相手の言い分にも耳を傾ける……94

● 断る（断り状）
■例1：その注文は受けられません／■例2：新規取引に応じられません／■例3：返品に対応できません
相手の感情を害さないよう言葉を選んで慎重に書く……98

● 承諾する（承諾状）
■例1：新規取引の申し出をお受けします／■例2：取引条件の変更について了解しました／■例3：追加注文を撤回します
要求にどこまで応じられるか、承諾する範囲をはっきり示す……102

● 撤回する（撤回状）
■例1：申し込みをキャンセルします／■例2：発注をとりやめます／■例3：安く売ってもいいですよ
何を、どれだけ注文するか、数量や金額を見やすく整理……106

● 注文する（注文状）
■例：商品を注文します
申し込む理由を丁寧に書き、積極的な姿勢を示す……110

● 申し込む（申込状）
■例：取引を申し込む
申し込む理由を丁寧に書き、積極的な姿勢を示す……112

● 苦情を言う・抗議する（苦情状・抗議状）
感情に流されずに、論理的に非を指摘する……114

第4章 「社内文書」が書けると仕事も人間関係も成功する

* 社内文書作成のルール *

● 基本フォーマットと必須項目

● 反論する（反駁状） 抗議された内容についてのみ冷静に言い分を述べる……116
　■例：抗議に対し反論します
　■例：着荷品に欠陥がありました

* 社内文書はこう作る *

● アイデアや意見を提案する（提案書・稟議書・伺い書） 敬体は必要だが、かしこまった表現は不要……120
　■例1：新製品を企画しました
　■例2：業務をスムーズにするアイデアを提案します

● 理由とメリットをまとめて読み手を説得する……122
　■例1：稟議書その1（人事に関わる案件）アルバイトを雇ってほしいです
　■例2：稟議書その2（会社の予算に関わる案件）新しいパソコンを購入したいと思います

● トラブルが起こった（始末書・理由書） 丁寧なお詫びと善後策が、読み手に誠意を伝える……128
　■例1：受注を間違えました（始末書）
　■例2：部下が問題を起こしました（始末書）
　■例3：納期が遅れました（理由書）

● 連絡事項を伝える（通知書・案内書・回覧書） 一見して内容が伝わるようタイトルと構成を工夫する……132
　■例1：健康診断があります（通知書）
　■例2：会議を開きます（案内書）
　■例3：社員旅行についてお知らせします
　■例4：社内販売カタログを回覧してください（回覧）

● 上司に報告をする（報告書） 状況報告と自分の意見が混同しないよう書き分ける……136
　■例1：本日の業務について報告します（日報）
　■例2：出張してきました
　■例3：セミナーを受講しました

● 会議の内容を記録する（議事録） 必須項目の漏れに注意。決定事項と経緯を詳しく書く……140
　■例1：定例ミーティングの内容を報告します
　■例2：企画会議の内容を報告します
　■例3：社内委員会の内容を報告します

知識ゼロからのビジネス文書入門／目次

第5章 「Eメール文書」を賢く使う

● 研究・調査結果をまとめる（社内論文・レポート） 序文から結論まで論旨を意識して作成する……144
■例：調査結果を発表する

● 退職希望を出す（退職届） 慣用句を利用し余計なことは書かない……146

＊Eメール文書はこう作る＊

● やり取りをスムーズにするメールの特性 返信・同時送信機能で連絡網が密になる……150
■例1：懇談会のご案内です／■例2：新商品を発売しました／■例3：入金を確認しました／■例4：商品が到着しました／■例5：ご注文の商品が入荷しました／■例6：メールアドレスを変更しました

● Eメール文書を読みやすくする4つの常識 文章はすべて左寄せ。受信時の自動改行に注意する……152

● 基本フォーマットと必須項目 儀礼的な要素を取り除き、短く合理的にまとめる……154

＊Eメール文書作成のルール＊

● 通知・案内メール 添付資料を利用し、細かい情報を知らせる……156
■例1：新商品を発売しました／■例2：広報部に異動になりました／■例3：寒中お見舞い申し上げます

● 申し込み・注文メール 電話と併用することで、業務を円滑に進められる……162
■例1：新しく担当に着任しました／■例2：講座に申し込みます／■例3：HPに掲載されている商品を注文します

● 挨拶メール 簡単な挨拶には、同時送信機能を活用する……166
■例1：新規取引を申し入れます／■例2：広報部に異動になりました／■例3：寒中お見舞い申し上げます

● お礼メール こまめに送ることで、相手に丁寧な印象を与える……170
■例1：展示会への来場に対して／■例2：打ち合わせのための来社に対して／■例3：画像資料を送ってもらったことに対して／■例4：承諾の返信に対して

● お詫びメール 感情を伝える難しさをわきまえ、言葉とタイミングを慎重に選ぶ……174

第6章 「法律文書」でビジネストラブルを回避する

正しい法律用語を適切に使い、トラブルを回避、解決する

トラブルが想定される場合は、第三者の証明を得ておく

* 法律文書作成のルール *

* 法律文書の目的と作成ポイント ………178
* 公正証書と内容証明郵便の活用 ………182
* 法律文書はこう作る *
* 契約を取り交わす
  簡潔明瞭を心がけ、必須項目の漏れに注意する ………188
  ■例1：商品を売買する（商品売買契約書）
  ■例2：他社に業務をお願いする（業務委託契約書）
  ■例3：事務所の賃貸借を契約する
  ■例4：金銭の貸し借りをする（金銭消費貸借契約書）
  ■例5：相殺について契約を取り交わす
  ■例6：損害賠償請求の交渉を委任する（委任状）………190

* 債権が果たされないときは
  損害賠償、契約解除の意思を表示する ………192
  ■損害賠償を請求する（損害賠償請求書）
  ■契約解除を通知する ………204

参考文献 ………206

● 催促・苦情メール
  注意を促す程度のものなど、軽い催促には効果的 ………178
  ■例1：お願いした資料が届きません
  ■例2：請求金額が間違っています
  ■例3：商品破損の苦情メールに対して

● 社内メール（報告・通知メール）
  手軽に連絡が取れることで、タテヨコの連携がスムーズに ………182
  ■例1：会議の予定をお知らせします
  ■例2：出張先から経過を報告します
  ■例3：都合のいい日を教えてください

■例1：納期が遅れたことに対して／■例2：席をはずしていたことに対して／■例3：注文メールに対応できません／■例4：商品破損の苦情メールに対して

他社との取引にも、社内の業務連絡にも、あらゆるビジネスシーンで、文書が関わってくる。
社会人としての礼儀と、読みやすさを兼ね備えた文書を作成しよう

第1章

「ビジネス文書」が仕事を動かす

ビジネス文書の基本原則

● 基本フォーマットと必須項目

文書の基本形式は8つの項目で組み立てられる

儀礼的な文書は縦書きで

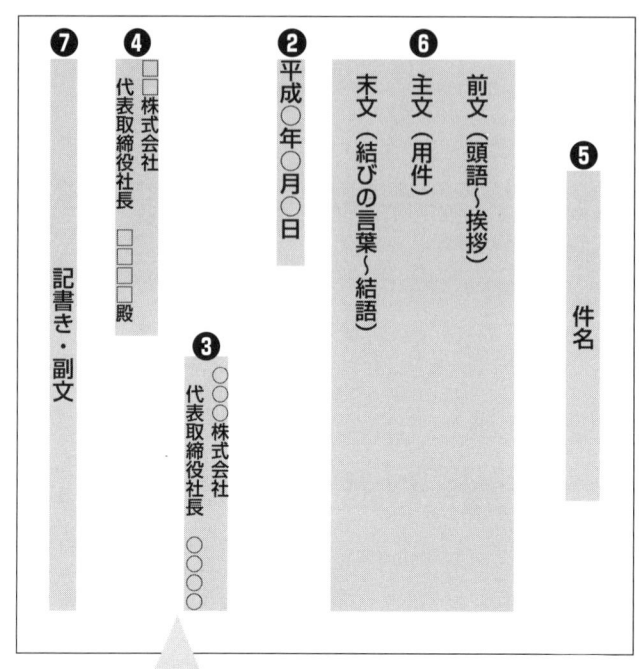

❶ 平成○年○月○日

❸ ○○○株式会社
　代表取締役社長
　○○○○

❹ □□株式会社
　代表取締役社長
　□□□□殿

❺ 件名

❻ 前文（頭語〜挨拶）
　主文（用件）
　末文（結びの言葉〜結語）

❼ 記書き・副文

挨拶状や招待状など、社交に関わるもので、儀礼的な意味合いの強い文書に

ビジネス文書とは、業務を遂行するためにやり取りする文書のことだ。正確に分かりやすく意思を伝えるために、また、ビジネスマンとしての礼節をわきまえた文面にするために、決まった形式がある。これらの必須項目を内容に合わせて盛り込み、簡潔明瞭に書くことが、作成のポイントだ。

❶文書番号
後々検索する可能性のある文書に付ける。表記の仕方や付ける位置は会社で決められた方法に従う。一般的に「○（部署名の頭文字）発○○（第○○番目の文書）号」と付けられることが多い

❷発信年月日
時期を特定せず発信するPR文などを除き、必須。西暦と年号のどちらを用いるかは、社内で統一されている表記に従う

10

日常的な文書は**横書き**で

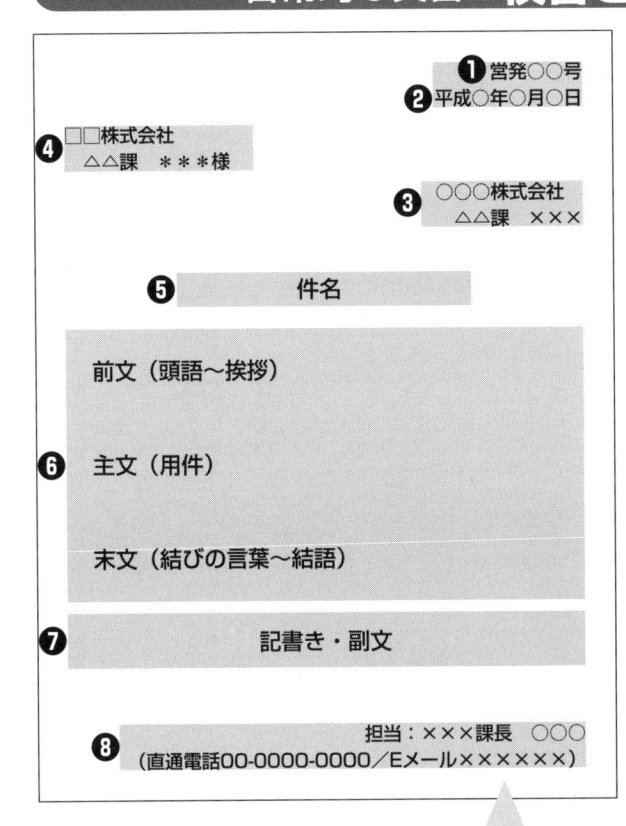

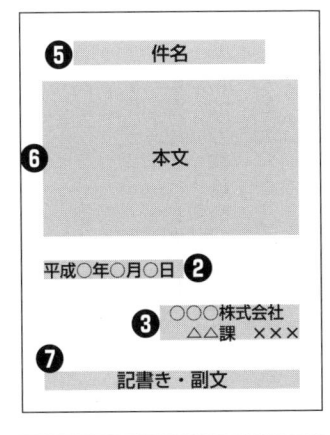

```
❶ 営発○○号
❷ 平成○年○月○日

❹ □□株式会社
　 △△課　＊＊＊様

　　　　　　　　　❸ ○○○株式会社
　　　　　　　　　　 △△課　×××

❺　　　　　　件名

　前文（頭語～挨拶）

❻ 主文（用件）

　末文（結びの言葉～結語）

❼　　　　記書き・副文

　　　　　　　担当：×××課長　○○○
❽ （直通電話00-0000-0000／Eメール××××××）
```

通知状や依頼状など、業務に関わるもので会社として発信する文書に

```
❺　　　件名

❻　　　本文

平成○年○月○日 ❷

　　　❸ ○○○株式会社
　　　　 △△課　×××
❼ 記書き・副文
```

軽い挨拶やPR文など、多数の人間に出す文書に。宛先を省く

❸発信者名
必ずしも担当者名ではない。会社の決まりや用件の重さにより肩書きを変える場合もある

❹受信者名
社名は「㈱○○」と略さず正式名に。社名の後改行し、1字下げて部署名と名前を入れる

❺件名
「○○の件」など分かりやすく。転勤の挨拶など個人レベルで書くものでは、省く場合も

❻本文
文書の成否を左右する重要なところ。前文・主文・末文で構成。（詳細はP.12～23参照）

❼記書き・副文
場所や時間など細かい事項を箇条書きにまとめたり、追伸を付ける場合に

❽直接の担当者
社長や上司の名前で発信し、その後のやり取りが必要な場合は、実際の担当者名を添える

第1章　「ビジネス文書」が仕事を動かす

＊ビジネス文書の必須マナー＊

● 頭語と結語の作り方

受信者と状況に合わせ、セットで使い分ける

一般的な往信

日常業務でやり取りする文書全般に。「拝啓」「敬具」の組み合わせが最もよく使われる

頭語	結語
拝啓	敬具
拝呈	敬白
呈上	拝具
啓上	敬拝

返信

相手の文書を受けて書くという意味の「拝復」で始め、「敬具」で結ぶのが一般的

頭語	結語
拝復	敬具
復啓	敬答
復誦	敬白
拝復	敬具

頭語は前文の最初に付ける言葉。これに対し、本文の最後に付けるのが結語である。頭語と結語の組み合わせは決まっている。「拝啓」で始まり「敬具」で結ぶ組み合わせが一般的だが、相手や状況に合わせ、セットで使い分けよう。

また、頻繁にやり取りをする相手への文書など、頭語を付けると仰々しくなってしまう場合は、頭語を省き、文末に「敬具」だけを付ける場合もある。

12

改まった往信

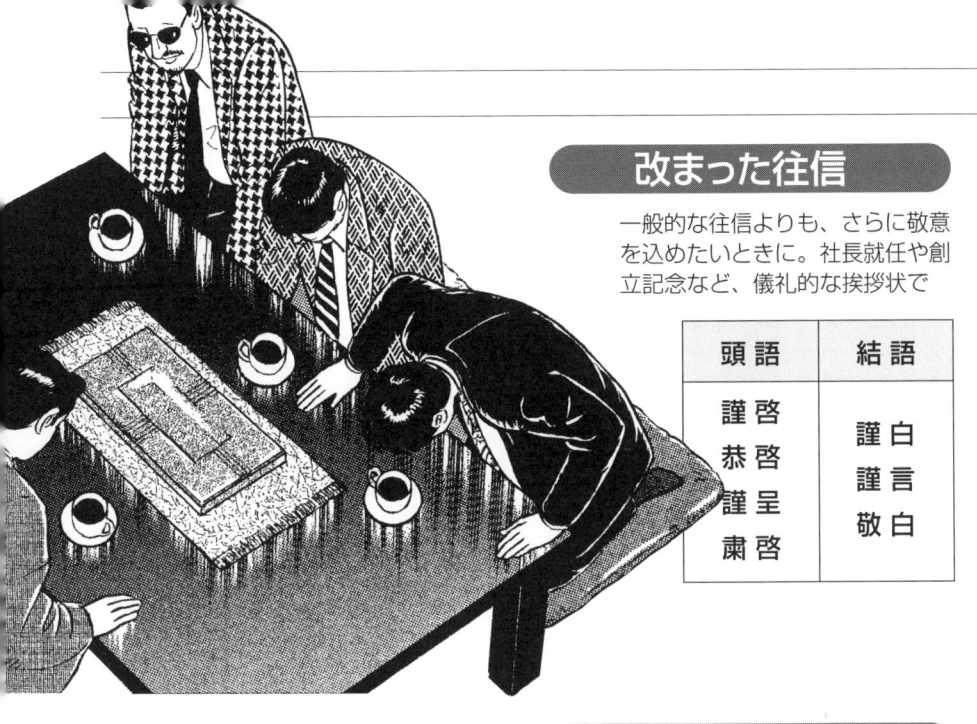

一般的な往信よりも、さらに敬意を込めたいときに。社長就任や創立記念など、儀礼的な挨拶状で

頭語	結語
謹啓 恭啓 謹呈 粛啓	謹白 謹言 謹敬白

急な往信

事故や入院を見舞うときなど、急に発信される文書に使う。頭語の後、挨拶を省いて本題に入る

頭語	結語
急啓 急白 急呈 取り急ぎ申し上げます	一々 不尽 不悉 以上

「前略」の使い方に注意

「前文を略する（挨拶を抜く）」という意味合いを持ち、急啓などと同じ使い方をすることもある。対応する結語は「草々」。少々乱暴な表現なので、目上の人や顧客に出すときは、「前略ごめんください」と言い換えると丁寧

＊ビジネス文書の必須マナー＊

●書き出しの挨拶

ビジネスシーンで喜ばれるのは美辞麗句ではなく簡潔な挨拶

頭語に続く前文の挨拶は、「時候の挨拶」、相手の健康、繁栄を祝福する「慶賀の挨拶」、日頃の礼を述べる「感謝の挨拶」の3種類からなる。

ビジネス文書の場合、私信とは異なり、凝った言葉を選ぶ必要はない。むしろ、凝りすぎた長い挨拶は回りくどい印象を与えてしまう。常識的で簡潔な挨拶が、最良といえる。

書き出しは、3種の挨拶で1セット

頭語

1 時候の挨拶
季節によって異なる言葉を使う。招待状など儀礼的な文書で使われ、日常業務の文書ではあまり使わない（詳細はP.15参照）

2 慶賀の挨拶
健康や繁栄を祝福する慣用的な表現。言い回しはほぼ決まっており、宛先により使い分ける（詳細はP.16参照）

3 感謝の挨拶
日頃の厚意に対しお礼を伝える挨拶。頻繁にやり取りのある相手に書く場合は欠かせない（詳細はP.17参照）

緊急時は挨拶を省く
挨拶文はあくまで形式的なもの。お悔やみやお見舞いなど緊急の文書では、挨拶を省き、すぐ用件に入っても、非礼とは見なされない

1 時候の挨拶 — 熟語表現「○○の候」が一般的

熟語を使った表現「○○の候」を使い、簡潔にまとめるのが一般的。挨拶やお見舞いでは、「若葉が目にしみるこの頃」など自由な表現で長めの挨拶文を作ると、文面を和ませることができる

月	○○の候	自由に表現する場合
1月	新春・厳寒・厳冬	底冷えのする毎日ですが／寒さが身にしみるこの頃
2月	立春・晩冬・早春	暦の上ではもう春となりましたが／立春とはいえ寒さ厳しき折
3月	早春・春暖・軽暖	このところ急に春めいてまいりましたが
4月	陽春・仲春・桜花	春たけなわの折／葉桜の美しい季節となりました
5月	惜春・新緑・薫風	風薫る爽やかな季節となりました／若葉が目にしみる折
6月	入梅・初夏・向暑	雨傘の手放せないこの頃
7月	盛夏・大暑・炎暑	梅雨も明け、いよいよ本格的な夏の訪れです
8月	晩夏・立秋・残暑	厳しい暑さもようやく峠を越したようです
9月	新秋・初秋・秋涼	暑さ寒さも彼岸までと申しますが／日ごとに秋の気配が深まります
10月	秋冷・錦秋（きんしゅう）・紅葉	秋もたけなわでございますが／味覚の秋を迎え
11月	初霜・晩秋・暮秋	快い小春日和が続きます／暦の上では冬を迎え
12月	寒冷・初冬・師走	寒気一段と厳しき折／はや年の瀬を迎え

どの挨拶も「時下」で代用できる

時候の挨拶は、季節を問わず使える「時下」で代用できる。「時下ますますご清祥のことと……」と、後に続く慶賀の挨拶とつなげて表現することが多い

ビジネス文書の必須マナー

2 慶賀の挨拶
個人宛て、団体宛てで言い回しを変える

基本的に慶賀の挨拶は、5つの文節で構成される。下記のように組み合わせ、自由に作ることができる。個人宛ての場合と団体宛ての場合とで言い回しが異なるので、適宜使い分けよう

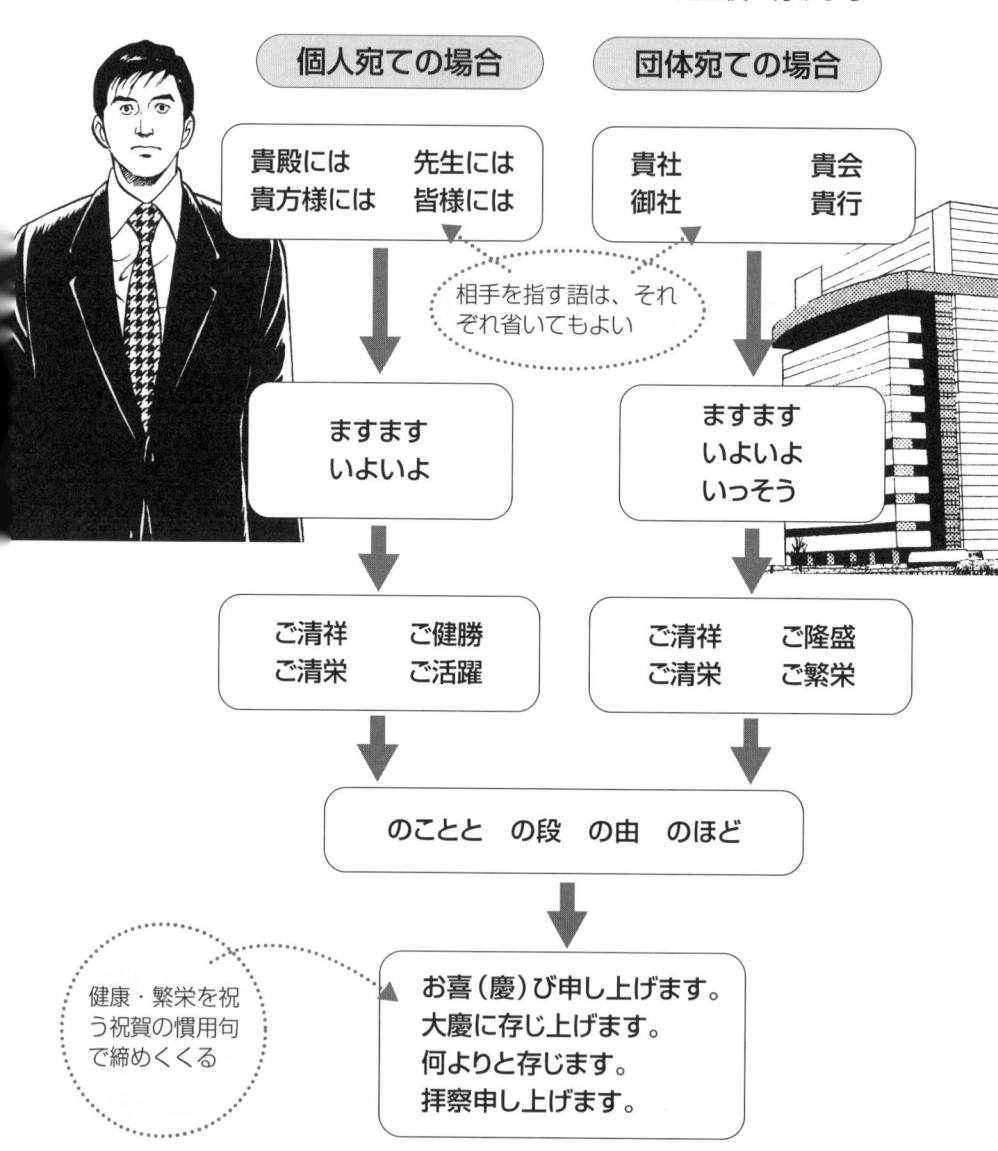

個人宛ての場合
- 貴殿には　先生には
- 貴方様には　皆様には

団体宛ての場合
- 貴社　貴会
- 御社　貴行

相手を指す語は、それぞれ省いてもよい

↓

個人宛て
- ますます
- いよいよ

団体宛て
- ますます
- いよいよ
- いっそう

↓

個人宛て
- ご清祥　ご健勝
- ご清栄　ご活躍

団体宛て
- ご清祥　ご隆盛
- ご清栄　ご繁栄

↓

のことと　の段　の由　のほど

↓

- お喜（慶）び申し上げます。
- 大慶に存じ上げます。
- 何よりと存じます。
- 拝察申し上げます。

健康・繁栄を祝う祝賀の慣用句で締めくくる

3 感謝の挨拶 — 言葉の組み合わせにより丁寧度が上がる

頻繁に付き合いのある相手に宛てる場合は、前の2つの挨拶を抜き、ここから書き始めてもよい。非常にお世話になった相手には、言葉を足し、より丁寧な言い回しを作るといいだろう

いつも　毎々　日頃は　平素は　長年にわたり

特定の件でお世話になっている場合、「このたびは」「○○の件では」「先日は」など、具体的な事例を挙げてお礼を書く

丁寧度を上げる一言
格別の　格段の
一方ならぬ　多大な
何かと　過分な
身に余る
並々ならぬ

↓

お引き立て　お心配り　ご厚誼
ご愛顧　ご厚情　ご用命
ご支援　ご協力　ご指導　ご高配

↓

を賜り　をいただき
にあずかり　くださり　のほど

丁寧度を上げる一言
誠に　厚く
心より　謹んで
深く　大変

ファックスやEメールなど簡略化した文書や、頻繁に付き合いがあるため大袈裟な挨拶を避けたい場合は、この一言ですませても可

↓

ありがとうございます。
御礼申し上げます。
感謝申し上げます。
感謝いたしております。

お世話になっております。

＊ビジネス文書の必須マナー＊

●主文の構成ポイント
接続詞を使って本題に入り、論理的に組み立てる

頭語、挨拶文に続き、改行して主文に入る。書き出しは「さて」「このたび」「さっそくですが」などの言葉を持ってくると、スムーズに書き出すことができる。

もちろんどんなに上手く書き出しても、内容が支離滅裂では台無しだ。伝えたいことを整理して、相手に伝わるよう、論理的かつ簡潔に書かなければならない。

書き出しの一言には何を入れる？
シチュエーションに合わせた接続詞で切り出す

時と場所を選ばず使える接続詞「さて」が、最も一般的。ただ、状況に合わせて接続詞を選べば、より内容をつかみやすく、読みやすい文面に仕上がる

一般的な文書
　「さて」

変更や開業などを知らせるとき
　「さて、このたび」「このたび」

誰かから伝え聞いたことについて
　「承りますれば」「伺いましたところ」

すでに知っていることについて
　「かねてより〜」「先日〜」「先般〜」

用件を分かりやすくまとめるには？
筋道を立て、論理的に組み立てる

1　何のことについて書いているか
　「さて、このたびは○○の件で……」と最初に書けば、読み始めに用件をつかむことができる

2　相手に対して言いたいこと
　1から「つきましては……」などの言葉につなげ、相手に対する要望やこちらの主張を書く

3　締めくくり
　慣用表現を使った終わりの挨拶を付ける（詳細はP.22〜23参照）

情報を正確に伝えるには？
一文は短く。記書きで整理する

一文節を長く作ると、読みづらく、言いたいことが伝わりにくい文章になってしまう。一文を短く区切るよう心がけ、詳細は箇条書きにまとめる

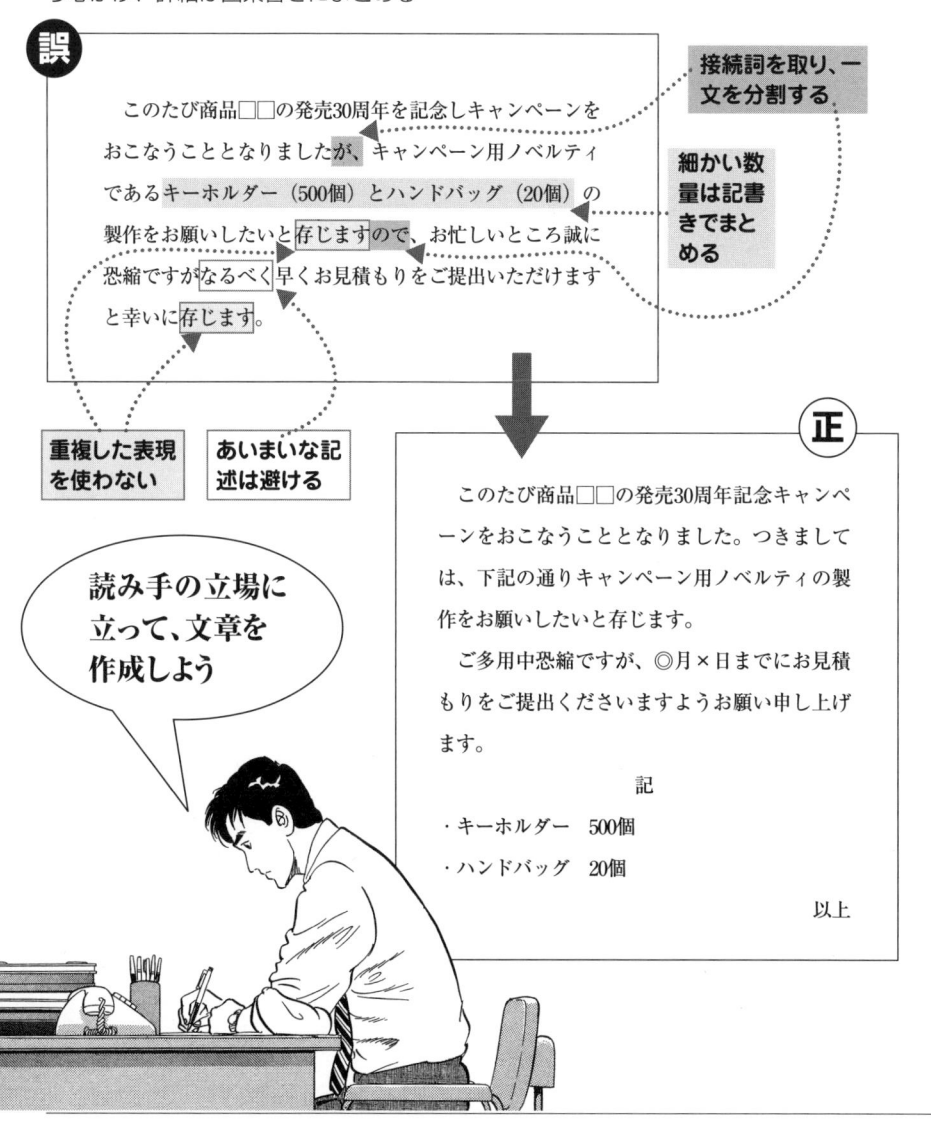

誤

このたび商品□□の発売30周年を記念しキャンペーンをおこなうこととなりましたが、キャンペーン用ノベルティであるキーホルダー（500個）とハンドバッグ（20個）の製作をお願いしたいと存じますので、お忙しいところ誠に恐縮ですがなるべく早くお見積もりをご提出いただけますと幸いに存じます。

- **接続詞を取り、一文を分割する**
- **細かい数量は記書きでまとめる**
- **重複した表現を使わない**
- **あいまいな記述は避ける**

正

このたび商品□□の発売30周年記念キャンペーンをおこなうこととなりました。つきましては、下記の通りキャンペーン用ノベルティの製作をお願いしたいと存じます。

ご多用中恐縮ですが、◎月×日までにお見積もりをご提出くださいますようお願い申し上げます。

　　　　　　　記
・キーホルダー　500個
・ハンドバッグ　20個

　　　　　　　　　　　以上

読み手の立場に立って、文章を作成しよう

ビジネス文書の必須マナー

● 敬語の正しい使い方

尊敬語、謙譲語を使い分け丁寧な言い回しを作る

ビジネス文書では、正しい敬語表現が成否を分ける。尊敬語と謙譲語を正確に使い分け、相手に失礼のない文章を作ろう。

また、言葉の使い方だけでなく字配りにも注意。儀礼を重んじる文書では、先方の名前が行末にきたり、自分の名前が行頭にくるのは失礼にあたるので注意が必要だ。

～敬語に言い換えるコツ～
単語を尊敬語と謙譲語に変換し、丁寧語でととのえる

敬称に直す → あなたの会社の　商品を

謙譲語で言い換える → 購入したいと思います。

注文表を　送るので、　見てください。

言い換えると…

尊敬語と丁寧語を使って、頼みごとをする表現に言い換える

貴社の　商品を　購入させていただきたいと存じます。

注文表を　送付いたしますので、　ご確認くださいますようお願い申し上げます。

敬語の重複、謙譲語と尊敬語の取り違えに注意

●重複敬語の例
「ご来場になられまして…」（誤）
「ご来場になり…」（正）

「お教えしていただきたく」（誤）
「教えていただきたく」（正）

●謙譲語・尊敬語の取り違え例
「拝見されてください」（誤）
「ご高覧ください」（正）

「受付で申し上げてください」（誤）
「受付でお申し付けください」（正）

ビジネスシーンでよく使う動作の敬語
混同しやすい尊敬語と謙譲語をしっかり区別しよう

動作	尊敬語	謙譲語
見る	ご覧になる・見られる	拝見する
聞く	お聞きになる・聞かれる	伺う・承る
言う	おっしゃる・言われる	申し上げる
行く・来る	いらっしゃる・おいでになる・お越しになる	伺う・参上する・参る
会う	お会いになる	お目にかかる
～する	～なさる	～いたす・させていただく
もらう	お納めになる	拝受する・いただく・賜る
知る	ご存じになる・お知りになる	存じる・存じ上げる
思う	お思いになる	存じる・拝察する
与える	くださる・賜る	差し上げる

頼みごとをするときの敬語表現
特に丁寧な言い回しが必要。慣用表現を覚えておこう

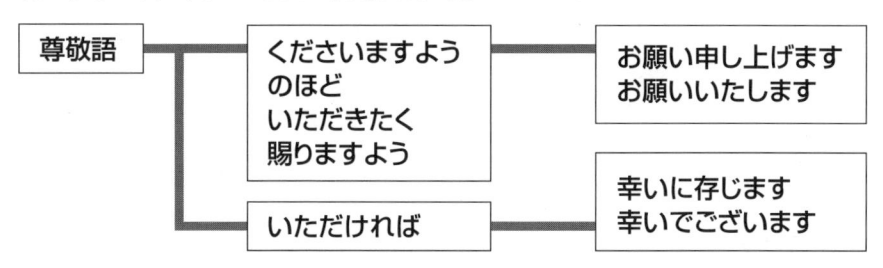

尊敬語	くださいますよう のほど いただきたく 賜りますよう	お願い申し上げます お願いいたします
	いただければ	幸いに存じます 幸いでございます

ビジネス文書の必須マナー

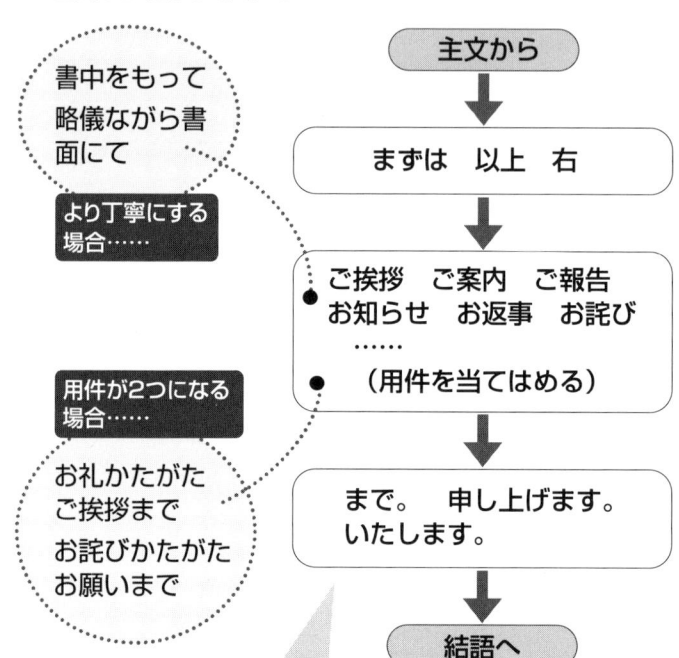

●末文の作り方
状況に合わせた慣用表現で本文を締めくくる

末文は、本文を締めくくる終わりの挨拶。これを入れることで、前文の挨拶とのバランスがとれ、文章がまとまる。

「まずは〜まで」という慣用表現が一般的だが、お祝いや健康を気遣う場合など、相手に伝えておきたい一言で結ぶ場合もある。いずれにせよ、くどくど書きすぎずシンプルにまとめることが大切だ。

〜一般的な末文〜
用件を繰り返し結びの言葉を作る

どんな用件の文書にも当てはめられる一般的な慣用表現。主文から改行して入れる

```
主文から
   ↓
まずは  以上  右
   ↓
・ご挨拶  ご案内  ご報告
 お知らせ  お返事  お詫び
 ……
・（用件を当てはめる）
   ↓
まで。  申し上げます。
      いたします。
   ↓
結語へ
```

より丁寧にする場合……
書中をもって
略儀ながら書面にて

用件が2つになる場合……
お礼かたがた
ご挨拶まで
お詫びかたがた
お願いまで

（結びの言葉作成の注意点）
併用するときは表現の重複に注意

用件に合わせた言葉（左ページ）の後に、一般的な表現（右ページ）を重ねて、結びの言葉とすることもできる。ただし「申し上げます」などの表現が重複すると、くどい印象を与えるので注意が必要だ

～用件に合わせた結びの言葉～
添えたい一言を結びの言葉にする

用件によっては、先方の「発展」「ご自愛」を祈る慶賀の言葉や、返事を期待する文句で締める場合もある

●お祝い状で……
今後の活躍を祈る一言を添える

ますますの	ご発展を	心より	お祈り申し上げます。
さらなる	ご繁栄を	謹んで	お祈りいたします。
	ご活躍を	心より	願っております。

●暑中・寒中見舞い状で……
健康を気遣う一言を添える

暑さ（寒さ）厳しき折から	くれぐれも	ご自愛のほどお祈り申し上げます。
時節柄	どうぞ	お体をお大切に。

●取引先への文書で……
今後もよろしくと伝える

今後とも	いっそうの	ご愛顧	を賜りますよう	お願い申し上げます。
何とぞ	変わらぬ	ご厚情	のほど	お願いいたします。
		ご指導	をいただきたく	

●問い合わせるとき……
返事をお願いして締めくくる

ご多忙のところ恐縮ですが	ご返事	をいただきたく	お願い申し上げます。
お手数ながら	ご回答	のほど	お願いいたします。

ビジネス文書の必須マナー

●郵便とファックスの使い分け
メリット、デメリットを見極め文書の趣旨に合わせて選ぶ

文書を出すとき、郵送にするかファックスを使うかは、シーンに合わせて判断する。挨拶やお礼など儀礼的な文書は、ファックスだと軽々しい印象を与えるため郵送のほうがいいだろう。逆に、急な依頼や申し込みには、伝達の早いファックスのほうが適当。ツールの特性を踏まえて選ぼう。

郵送（封書・ハガキ）

○メリット
- 受け取る側に、経費や時間の拘束などの負担をかけない
- 紙面が鮮明
- 丁寧な印象を与える
- ハガキなら、封書ほど仰々しくなく、ちょっとした用件や軽い挨拶に使うことができる

×デメリット
- 情報伝達のスピードが遅い
- 書き上げてから出すまで、宛名を書いたり切手を貼ったりと、手間がかかる

儀礼的で社交に関わる文書
挨拶状・お礼状・招待状・お悔やみ状・見舞い状など

誠意を伝えたいときの文書
詫び状・交渉状・依頼状など

ファックス

○メリット
- 情報を素早く伝えることができる
- 相手を拘束せず、いつでも情報を届けられる

×デメリット
- 受け取る側の紙を消費する
- 相手に直接手渡しされるものではないので、機密性に欠ける
- 紙面が不鮮明で読みづらいことがある

速やかな対応が求められる文書
通知・案内状・問い合わせ（照会状）・簡単な注文や申し込みなど

書封 氏名が目立つよう配置と大きさを検討

間違った宛名書きは失礼にあたる。ルールを踏まえて作成する

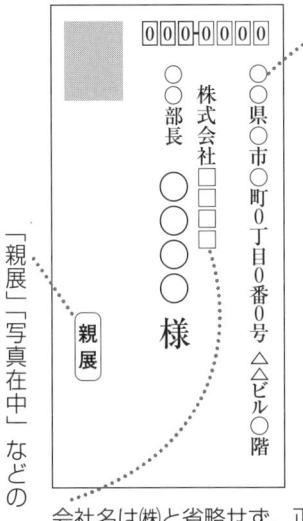

一般的に使用される **和封筒**

- 住所は右端に。できるかぎり1行で書ききるのが望ましい
- 封じ目には〆印を。儀礼的な文書の場合は、「緘」の印を押すこともある
- 社名は封筒のつなぎ目にかかっても可

「親展」「写真在中」などの語句は、「様」や「殿」などの敬称の左脇に

会社名は㈱と省略せず、正式名称を。縦に3等分した右端ライン上にくるように書く

招待状などに使われる **洋封筒**

洋封筒は横幅が広い。名前と住所の間が開きすぎないようバランスよく書く

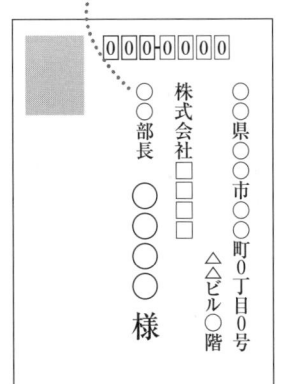

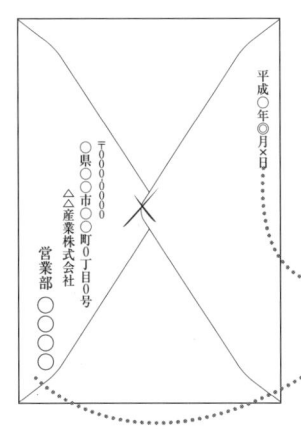

横書きにする場合

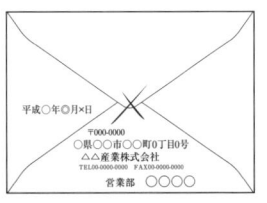

- 日付は合わせ目の左側に算用数字で入れる
- 封筒のふたの部分に、日付を漢数字で入れる
- 差出人の住所や社名は、書くスペースが狭いため、小さくまとめる

ビジネス文書の必須マナー

ハガキ 余白を計算してバランスよく書き込む

書くスペースが狭いことを考え、読みやすくする工夫を

表 差出人名は表の左下に。郵便番号は下の欄を利用

裏 手書きの場合は1行20字程度、10行以内が目安

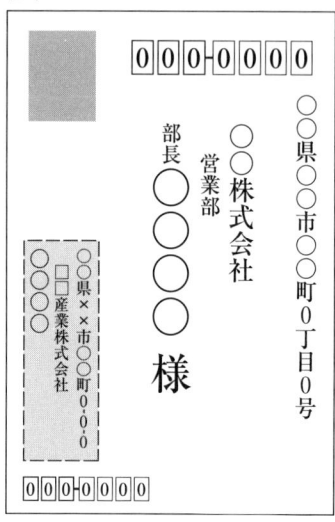

［宛名面］
000-0000
〇〇県〇〇市〇〇町0丁目0号
〇〇株式会社
営業部
部長 〇〇〇 様
〇〇県××市〇〇町0-0-0
〇〇産業株式会社
000-0000

［文面］
拝啓
敬具

返信ハガキ

裏 担当部署や担当者名を書き、「行」とする。裏面には、相手が住所や氏名を書き込むための余白をとっておく

000-0000
××県〇〇市△△町0丁目0番0号
△△産業株式会社
営業部 行

表
第〇回〇〇〇〇研修会に
ご出席
ご欠席
ご芳名
ご御会社
ご住所

〈返信ハガキで返事を出す場合〉
「ご」はすべて二重線で消す。「出席」か「欠席」をマルで囲んで「いたします」を付け、「楽しみにしております」(出席の場合)や、「残念ながら……のため失礼いたします」(欠席の場合)などと書き添える

ファックス　用件を手際よく伝えるため送信票が必要

以下の項目が入った送信票を、職場ごとに用意しておくとよい

必須項目をまとめ1枚目から用件に入れるように

①日付
送信時に自動的に入るが、自分でも書いておくと確実

```
FAX送信票         ①  年　　月　　日
②
宛先                              様
FAX

─────────────────────────
─────────────────────────
─────────────────────────
─────────────────────────
─────────────────────────
─────────────────────────
─────────────────────────
─────────────────────────

          ③ 送信枚数　　　枚（この紙を含む）
④
株式会社×××商事　総務部
（送信者）

〒000-0000
○○県××市△△町0-0
TEL：00-0000-0000　FAX：00-0000-0000
```

②送信先データ
会社名、部署名、宛名を記入。送信ミスに備え、相手のファックス番号も入れる

③枚数
確実に受け取ったかを先方がチェックするために必要。数えやすいようページ番号をふっておく

④発信元データ
会社名、部署名、差出人名。送信トラブル時の連絡先として、電話番号等も記入

書き方ポイント：その2
件名と宛名を忘れずに
確実に担当者に手渡されるよう、宛名の記入はもちろん、件名も分かりやすく付ける

書き方ポイント：その1
前文は軽い挨拶で済ませる
用件を簡潔にまとめるには、長い挨拶は不要。また、簡略化されたやり取りの手段であるため、形式ばった挨拶は場違い。「いつもお世話になっております」など、軽めの挨拶にとどめる

送信枚数は10枚以内
相手の紙を使うことを考えて。目安は10枚以内。多いときは「○枚ですがよろしいですか」と送信前に確認を

挨拶状や礼状など、礼節が重んじられる場面で正しい文書を作成できれば、相手に誠意を伝え、信頼関係を築くことができる

第2章 「儀礼的な社外文書」が社交を円滑にする

＊社外文書作成のルール＊

● 社外文書の種類と押印の決まり

会社の意思を示す文書。ルールと作法に配慮して書く

社外文書とは、社外に向けて会社の意思を表示する文書のことで、その趣旨から、社交に関わる文書と、業務を遂行するための文書に分けられる。内容により作成のコツは異なるが、いずれにせよ、ビジネス文書のフォーマット（P.10～11参照）に基づき、礼節をわきまえて作成する。

趣旨によって文書の種類は2つに分けられる

1 社交をスムーズにするための文書

挨拶状・お礼状・招待状・案内状・祝い状・紹介状・見舞い状・お悔やみ状　…など

（作成のルール）
- 慣用表現を使い、礼儀正しい文体を心がける
- 封書やハガキなど、ツールを慎重に選ぶ
- 味気ない文面にならないよう自分なりの一言を添える

2 業務を遂行するための文書

お詫び状・通知状・照会状・依頼状・催促（督促）状・交渉状・断り状・承諾状・取り消し状・注文状・申込状・苦情状・反駁状　…など

（作成のルール）
- 見やすさを考え、詳細を別紙で添付したり記書きにまとめるなどして整理する
- 事実と自分の主張を書き分け、用件をはっきりさせる

> どちらにしても、会社の意思を伝えるもの。礼節を重んじて作成しよう

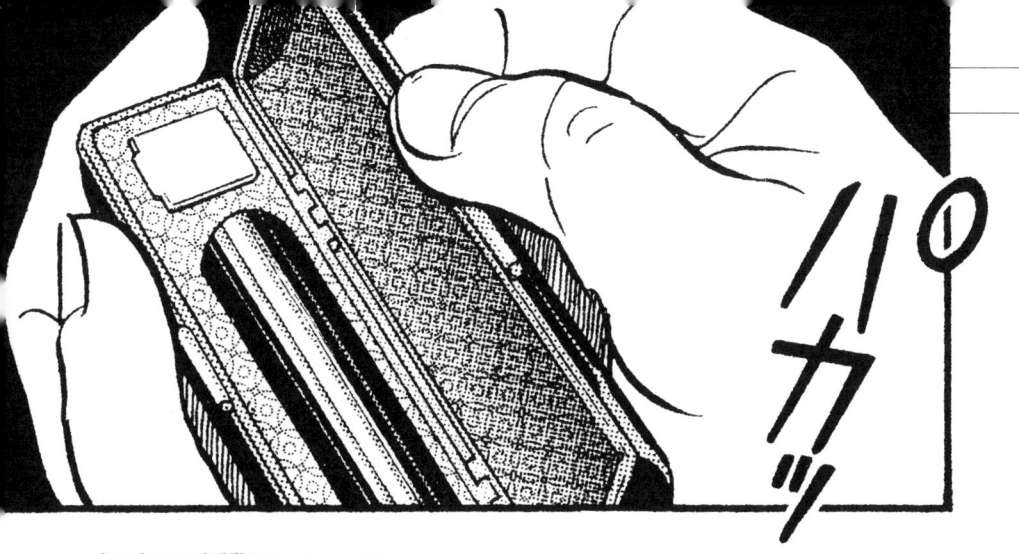

押印の種類とルール

個人が作成した文書も、「公印」の押印によって公式文書であることが認められ、会社全体の意思表示として発信される。社外文書に使用する主な「公印」は以下の2つ。どの公印をどの文書に使うかは、会社ごとの規定に従う

社印…会社が公式に用いる印。文書が、会社の公式文書であることを表す。社外文書全般に使用

職印…職務上使う、官職を表した印章

①社印だけ押すとき
社名の最後の一文字に半分だけかかるように押す、もしくは、社名に続けて押す

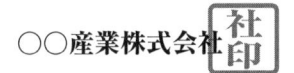

○○産業株式会社【社印】

○○産業株式会社【社印】

②社印と職印を、両方押すとき
社印は、社名・役職名・氏名の中央にくるように押す。職印は、氏名の最後の1文字に半分だけかかるように押す

○○産業株式会社
代表取締役【社印】○○一郎【職印】

③職印だけ押すとき
氏名の最後の1文字に半分だけかかるように押す

○○産業株式会社
　□□支店長　○○一郎【職印】

＊社交に関わる文書はこう作る＊

●挨拶をする（挨拶状）

感謝の気持ちを込めて格調高い文体で書く

丁寧な言葉遣いと読みやすい字配りで相手を敬う気持ちを示す

丁寧に作り品格を持たせる
普段使わないような丁寧な挨拶を入れると、格調高い仕上がりになる

レイアウト要素：
- 件名
- 頭語
- 挨拶
- 通知とお礼
- 所信表明
- 結びの言葉
- 結語
- 日付
- 宛名
- 差出人
- 記
- 移転先など

内容により件名を省く
転任の報告など、個人の状況を知らせる挨拶状では、件名を省く場合もある

本文中での先方の名前の位置に注意
縦書きの場合、相手の社名や個人名が、行末にこないよう注意する

社名もしくは社名と代表者名が原則
転勤や出向など個人的な挨拶状以外は、社名、もしくは社名と代表者名で出す

　新社屋の開設や部署異動など、会社や個人の新しい動きを知らせるとともに、日頃の感謝や今後の支援をお願いする一文を盛り込んだ文書だ。

　挨拶状は、ビジネス文書の中でも、最も礼節が重んじられるもの。正しい敬語を使い、形式的な表現にのっとって書くことが大切だ。

「挨拶状」の本文はこう書く

■例1：支社が移転しました
日頃の感謝とともに、所在地変更を知らせる

> 付き合いのある相手には、慶賀の挨拶の後に日頃の感謝を

東北支社移転のご挨拶

謹啓　貴社にはますますご隆盛のこととお慶び申し上げます。|日頃より格別のご|厚誼をいただき、厚くお礼申し上げます。

さて、このほど弊社では、東北支社を左記の場所に移転する運びとなりました。新社屋周辺は交通の便も良く、お越しいただくのに格段に便利となりました。

つきましては、より質の高いサービスをお届けできるよう、社員一同努力して参りますので、今後とも倍旧のご支援を賜りますようお願い申し上げます。

まずは書中をもってご挨拶申し上げます。

謹白

……日付、差出人、宛名が入る……

記

東北支社移転先　〇〇県××市××0-0　△△ビル
電話：00-0000-0000
ファックス：00-0000-0000

以上

> 移転先の住所や連絡先は、記書きでまとめ分かりやすく

ポイント

会社として出す挨拶状は白カードに記し、白角封筒で
ハガキ大の白カードに楷書や毛筆体で印刷し、白角封筒に入れて出すのが一般的だ

社交に関わる文書はこう作る

■例2:社内組織が一部変わりました
部の拡張にともなう担当者の変更や、新連絡先を知らせる

組織変更のご挨拶

　拝啓　陽春の候、いよいよご清祥のこととお慶び申し上げます。
　さて、このほど弊社では、組織の一部を改正することと相成りました。従来の広報部と宣伝部を統一し、広報・宣伝部を新設いたします。
　新組織図と担当者は、別紙新組織表をご参照いただきたく存じます。お手数をおかけいたしますが、今後とも一層のご指導を賜りますようお願い申し上げます。
　まずは略儀ながら書中にてご挨拶申し上げます。

敬具

ポイント

あくまでも"挨拶"がメイン。通知の詳細は別紙に書く
通知事項について長い説明が入ると、挨拶状としての品格が失われる。詳細は別紙にまとめる

直通電話番号や担当者の変更は、相手が保存しやすいよう別紙にまとめる

新チーム誕生か。いい仕事をしましょう!

よろしくお願いします!

■例3:部署が異動になりました
今後も付き合いのある取引先に、異動を報告する

> 以前の部署でお世話になったことに対する感謝を書く

拝啓　早春の候、ますますご清祥のこととお慶び申し上げます。

さて、私ことこのほど営業部から広報部へ異動いたしました。営業部在勤中は公私ともども格別のご厚情を賜り、誠にありがとうございました。

今後ともお世話になる機会が多いと存じますが、より一層のご指導ご鞭撻を賜りますようお願い申し上げます。

取り急ぎ、御礼かたがたご挨拶を申し上げます。

敬具

ポイント お礼に合わせて新業務に対する意欲を書く

新業務への意欲を書き添え支援を願う。社員として出すものは、ハガキを利用するのが一般的

■例4:出向しました
関連会社への転任と転任先を通知する

拝啓　新緑の候、ますますご健勝のこととお慶び申し上げます。

さて、このたび人事異動により関連会社へ出向することとなり、〇月×日付で××株式会社　宣伝部長として着任いたしました。株式会社△△在勤中は、ひとかたならぬご厚誼にあずかり、ありがとうございました。

宣伝部門はこれまで経験のない分野ではございますが、精一杯努める所存です。今後とも変わらぬご厚情を賜りますようお願い申し上げます。　　　敬具

平成〇年×月△日

　　　　　　　　　　　　　　　　　　　　　□□□□□
　　　　　　　　　　　　　　　　　　　　　××株式会社
　　　　　　　　　　　　電話 00-0000-0000／ファクシミリ 00-0000-0000

> 今後のお付き合いのためにも、出向先を明記しておく

社交に関わる文書はこう作る

■例5：転職しました
転職の連絡通知を兼ねて挨拶する

> お礼を述べたうえで、これからの抱負を語る

拝啓　立秋の候、ますますご活躍のこととお慶び申し上げます。

さて、私こと都合により、○月×日付で株式会社□□を円満退社し、○月△日付にて左記に入社いたしました。

株式会社□□在職中は、多大なご支援をいただき、心より感謝いたしております。

新しい職場では、これまでの経験を生かしつつ、新たな気持ちでより精励する所存です。 今後とも何卒変わらぬご指導をいただきたくお願い申し上げます。

敬具

●ポイント
転職理由は簡単にまとめ、感謝と抱負を中心に書く

転任挨拶と同様、感謝や抱負に焦点を当てる。会社のマイナスイメージとなるような転職理由は書かず、「都合により」など慣用句で済ませる。

「ご紹介にあずかりました島です」

■例6：○○に代わり支店長に着任しました
前任者の異動と、自分の着任を通知する

拝啓　時下ますますご清栄のこととお慶び申し上げます。
　さて、私儀○月×日付で、前任の○○のあとを受けて、○○店支店長に着任いたしました。
　何分にも浅学未熟の者ではございますが、精一杯努力をいたす所存でございます。前任者と同様、ご支援ご指導を賜りますようよろしくお願い申し上げます。
　まずは、略儀ながらご挨拶申し上げます。
敬具

ポイント　今後の意気込みを、謙虚な言い回しで表す
今後の抱負を書くときは、「微力非才の身ではございますが」「行き届かぬ点も多々あろうかと存じますが」など謙虚な言い回しで

「前任者と同様」とすることで、これまでの愛顧に対する感謝も伝わる

第2章「儀礼的な社外文書」が社交を円滑にする

＊社交に関わる文書はこう作る＊

■例7：季節の挨拶をする
暑中見舞いや、お歳暮の送り状を書く

<暑中見舞いを出す>

　　　　暑中お見舞い申し上げます。

　　　平素は格別のお引き立てにあずかり厚く御礼申し上げます。

　　　暑さ厳しき折、皆さまにはお変わりなくお過ごしのことと思います。

　　　ご多忙のことと存じますが、くれぐれもご自愛のほどお祈り申し上げます。

　　平成○年盛夏

　　　　　　　　　　　　　　　　　　　　　　　　　株式会社×××
　　　　　　　　　　　　　　　　　　　　　　　　　　　○○○○

ポイント　誰に宛てるかで書式を変える
会社宛てに出すものは、縦書きに。取引先の親しい担当者宛てなど、私信を兼ねるものは、横書きにしてやわらかさを出す

暑中見舞いの挨拶は、アレンジ次第でお知らせやPRに

…セールスを兼ねて…

　　例年より冷夏となったために、夏風邪が流行しております。体調管理と栄養補給にご注意いただきたく存じます。

　　なお、弊社では、ビタミンCの補給をサポートするサプリメントを発売しました。ご興味がおありでしたら、ご用命いただけると幸いです。

…休暇の通知を兼ねて…

　　なお、弊社では誠に勝手ながら、下記期間を夏期休暇とさせていただきます。ご了承のほどお願い申し上げます。

平成○年盛夏
　　　　　　　　　　　記
夏期休暇：○月□日（○曜日）〜△日（○曜日）

> まずは今年一年
> お世話になった
> ことに対する感謝
> を伝えよう

<お歳暮を贈るときに挨拶をする>

拝啓　師走の候、貴社いよいよご隆盛のこととお慶び申し上げます。平素は格別のお引き立てを賜り、誠にありがとうございます。

おかげさまで本年もつつがなく年の瀬を迎えることができました。これも皆さまのご厚情の賜物と、心より感謝いたしております。

つきましては、ささやかではございますが日頃の感謝のしるしとして、心ばかりの粗品を別便にてお送りさせていただきました。ご笑納いただければ幸いに存じます。

寒さ厳しき折、くれぐれもご自愛くださいますようお祈り申し上げます。

敬具

> 具体的な内容は書かず、「小品」「粗品」と表現

贈り物の前に封書が届くよう時機を見計らって出す　**ポイント**

お歳暮やお中元を贈るときは、送り状を添えるか、品物より先に届くように送る

季節の挨拶はタイミングを逃さず送る

季節の見舞い状や挨拶状は、時機をはずさず送ろう。

暑中見舞い：梅雨明けの7月中旬から立秋（8月8日頃）までに出す
残暑見舞い：立秋以降に出す
寒中見舞い：正月過ぎの1月6日頃から立春（2月4日頃）までに出す
お中元：品物は7月上旬から7月15日頃までに届くように。送り状は一足先に出す
お歳暮：12月に入ってから、25日頃までに届くように送る。送り状は一足先に

＊社交に関わる文書はこう作る＊

●お礼を言う（お礼状）

心を込めた文章で構成し、気持ちが伝わるよう工夫する

ビジネス上でお世話になったり、お祝いやお見舞いを受けたりしたときに、感謝の気持ちを表す文書。自書が基本だが、大量の場合は印刷物でもよい。

最も注意が必要なのは、お礼状を出すタイミング。厚意を受けたら間を置かずに発信する。相手に丁寧な印象を与え、信頼感を強めることができる。

儀礼的な書式を大切にしつつ自分なりの言葉で感謝を伝える

前文を省略しお礼から書き始めることも
挨拶を省き、「このたびは〜」とお礼から書き出しても可

書状の構成（右から左へ）：
- 頭語
- 挨拶
- お礼（紹介へのお礼の場合）結果を報告
- 結びの言葉
- 結語
- 日付
- 宛名
- 差出人

お礼状を出すタイミング

●紹介へのお礼は
取引先を紹介してもらったら、動きがあったとき報告を兼ねて出す

●お見舞いへのお礼は
災害見舞いや病気見舞いには、一段落して落ち着いてから出す

●訪問へのお礼は
来社に対するお礼は、なるべく早く、その日のうちに出す

●贈り物へのお礼は
品物を受け取ったら、時を置かず即座に出す

「お礼状」の本文はこう書く

■例1：取引先を紹介してもらった
取引成立の報告を兼ね、紹介に対するお礼を伝える

> 拝啓　時下ますますご清祥のこととお慶び申し上げます。
> 　このたびは、株式会社□□様をご紹介いただき、誠にありがとうございました。
> 　△△様のお口添えのおかげで、弊社製品「○○」×個のご注文をいただき、これを機に取引開始の運びと相成りました。
> 　関西方面での事業拡大を計画していた矢先、大阪を拠点とされている株式会社□□様との取引がかない、営業部一同喜んでおります。
> 　まずは、ご報告かたがた御礼申し上げます。
> 　　　　　　　　　　　　　　　　　　　　　　　　　　　　敬具

（取引が成立したことを報告し感謝と喜びを伝える）

ポイント

上手くいかなかった場合も、紹介に対する感謝を丁寧に書く

残念ながら不成立だった場合も、「ご尽力を賜りましたが、今回は……」と理由を述べ、きちんとお礼を書こう

■例2：出張先に対して
出張期間中受けた厚意に対してお礼を伝える

> 拝啓　貴社ますますご清栄のこととお慶び申し上げます。
>
> 　さて、このたび私の出張に際しましては、ご多用中にもかかわらずご厚情にあずかり、誠にありがとうございました。貴社製品「○○○」の新機能を目の当たりにできましたこと、PR文の作成にあたり大変参考になりました。心より感謝いたしております。
>
> 　<mark>原稿の完成は、○月半ばの予定でございます。改めてご連絡申し上げますので、今しばらくお待ちください。</mark>
>
> 　まずは、御礼まで申し上げます。
>
> 　　　　　　　　　　　　　　　　　　　　　　　　　　　　　　　敬具

ポイント：帰社後すぐ出すことで相手に丁寧な印象を与えられる
その後の付き合いを円滑に運ぶためにも、社に戻ったら、間を置かずに出す

実務に協力してもらったときは、その後どうなったか経過を伝える

■例3：栄転祝いに対して
異動に対する祝い状にお礼の返事を書く

着任してからの近況を手短に語る

> 拝復　貴殿にはますますご健勝のこととお慶び申し上げます。
>
> 　このたびは私どもの転任にあたり、身に余るお心配りをいただきまして、誠にありがとうございました。
>
> 　<mark>○月に着任いたしましてからはや○ヵ月、所長職にも段々と慣れて参りました。</mark>
>
> 　この上は、○○事業所のさらなる発展を目指し、職務に励むつもりでございます。
>
> 　今後とも倍旧のご支援を賜りますようお願い申し上げます。
>
> 　　　　　　　　　　　　　　　　　　　　　　　　　　　　　　　敬具

祝い状へのお礼とともに近況を伝える一文を添える

ポイント
近況報告は必須。その前に「○○在勤中は……」と旧任地でのお礼を書くと、より丁寧

■例4：災害見舞いに対して
台風被害を気遣う見舞い状にお礼の返事を書く

拝復　このたびの当地方における台風○号上陸に際しましては、あたたかいお見舞いを賜り、誠にありがとうございました。
　ニュースなどでご承知のように、当地では□□川の氾濫により市街地を中心に冠水しましたが、幸いにも弊社においては倉庫の一部が浸水した程度ですみました。来月貴社に納品する商品につきましては被害を免れましたので、どうぞご安心くださいますようお願い申し上げます。
　目下、倉庫内の整理に全力をあげており、○日から業務再開となる見通しでございます。
　まずは取り急ぎ書中をもって、御礼かたがたご報告申し上げます。
敬具

> 会社と周辺の被害状況を報告する

> 見舞い状をくれた相手との取引に影響がない場合は、その旨を伝えて安心させる

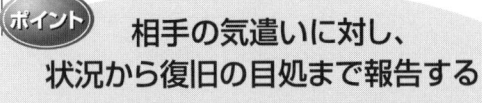

ポイント　相手の気遣いに対し、状況から復旧の目処まで報告する
大きな被害があった場合、業務再開予定日や納期の再設定など、今後の見通しを書く

> 川の氾濫にもかかわらず、わが社は幸いにも一部浸水の程度ですんだ

＊社交に関わる文書はこう作る＊

■例5：葬儀の会葬に対して
社葬に来てくれたことを感謝する

弊社相談役故〇〇〇〇〇の社葬に際しましては　ご多用中にもかかわらずご来臨いただき　ご丁重なるご芳志を頂戴いたしましたこと　誠にありがたく謹んで御礼申し上げます
早速拝趨のうえ御礼申し上げるべきところですが　忌中につきまずは略儀ながら　書中をもちましてご挨拶まで申し上げます

> 頭語と結語は省くか、もしくは「謹啓」「敬具」としてもよい

> 葬儀の形態を書く。合同葬の場合、「〇〇家・××株式会社合同葬」とする

ポイント
前文は省き、すぐに主文へ
儀礼的な書式と言い回しを使う

挨拶は入れずに主文に入る。厳粛な雰囲気を出すために、筆ペンなどで縦書きに

■例6：記念パーティーへの出席に対して
パーティー出席と贈り物に対してお礼を伝える

拝復　新秋の候、ますますご清祥のこととお慶び申し上げます。

さて、この度弊社宣伝部○○賞受賞記念パーティーに際しましては、ご多用中にもかかわらずご来臨を賜り、またご丁寧な祝賀状とお祝いの品を頂戴いたしまして、誠にありがとうございました。

このたび××賞受賞と相成りましたのも、日頃のあたたかいご支援の賜物と、心より感謝いたしております。

今後も、皆様方のご期待にお応えできますよう、邁進する所存でございますので、どうぞ一層のご指導ご鞭撻のほどよろしくお願い申し上げます。

まずは略儀ながら、書中にて御礼申し上げます。

敬具

> すでに祝賀状を受け取っているため頭語は「拝復」に

> 品物をもらったら、来てくれたことと品物の両方に対して、お礼を言う

ポイント　お祝いへの感謝とともに日頃の厚情にもお礼を
会社の祝い事に際しては、「日頃のご支援の賜物」としてお礼を書く

社交に関わる文書はこう作る

●招待・案内をする（招待状・案内状）

5W1Hを必ずチェック。地図を付ける配慮を忘れずに

前文の挨拶は丁寧に書く
季節物の新作案内などは、挨拶状としての意味合いも。前文は丁寧に作る

読み手に興味を持たせるために必要な情報を漏れなく記入する

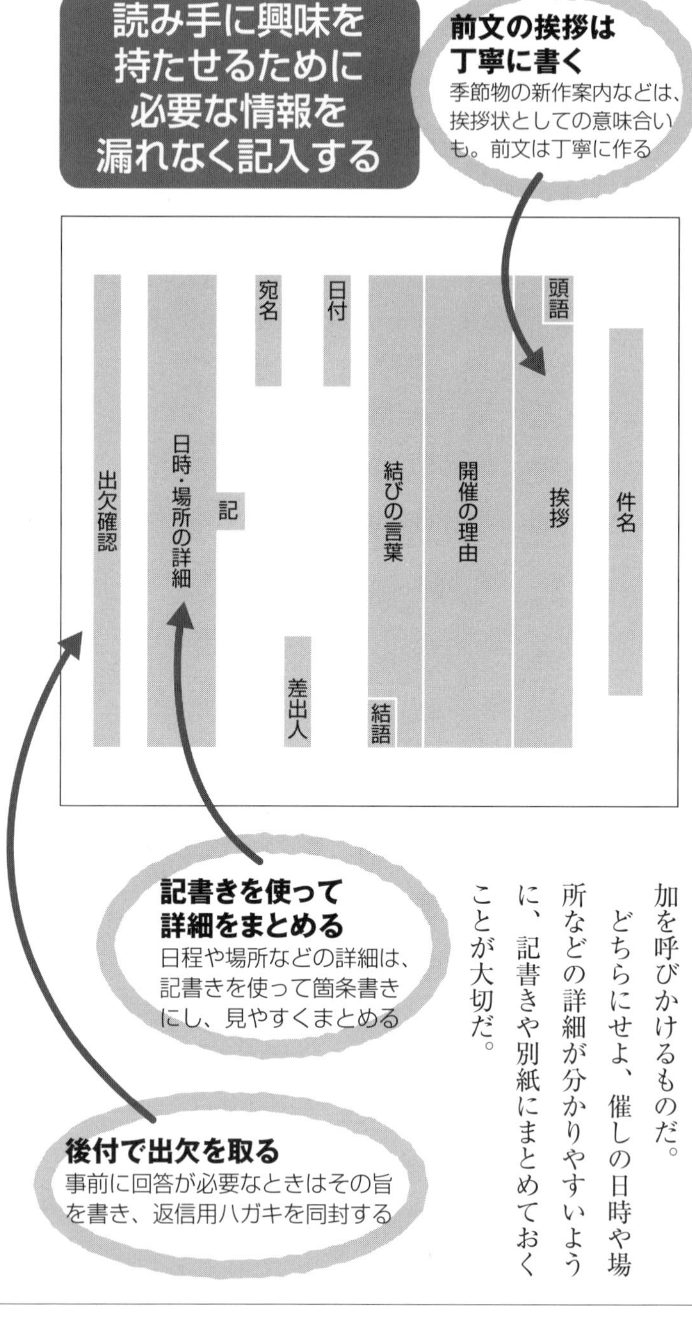

（図：縦書き文書のレイアウト）
- 頭語
- 件名
- 挨拶
- 開催の理由
- 結びの言葉
- 記
- 日時・場所の詳細
- 出欠確認
- 結語
- 差出人
- 日付
- 宛名

記書きを使って詳細をまとめる
日程や場所などの詳細は、記書きを使って箇条書きにし、見やすくまとめる

後付で出欠を取る
事前に回答が必要なときはその旨を書き、返信用ハガキを同封する

　自社が主催する催しに誘う場合は、招待状や案内状を作成する。招待状は創立記念パーティーなど社交的な催しに、案内状は展示会など業務上の催しに、それぞれ参加を呼びかけるものだ。
　どちらにせよ、催しの日時や場所などの詳細が分かりやすいように、記書きや別紙にまとめておくことが大切だ。

46

「招待状・案内状」の本文はこう書く

■例1：創立記念パーティーを開催します
ホテルで開催する創立記念行事に招待する

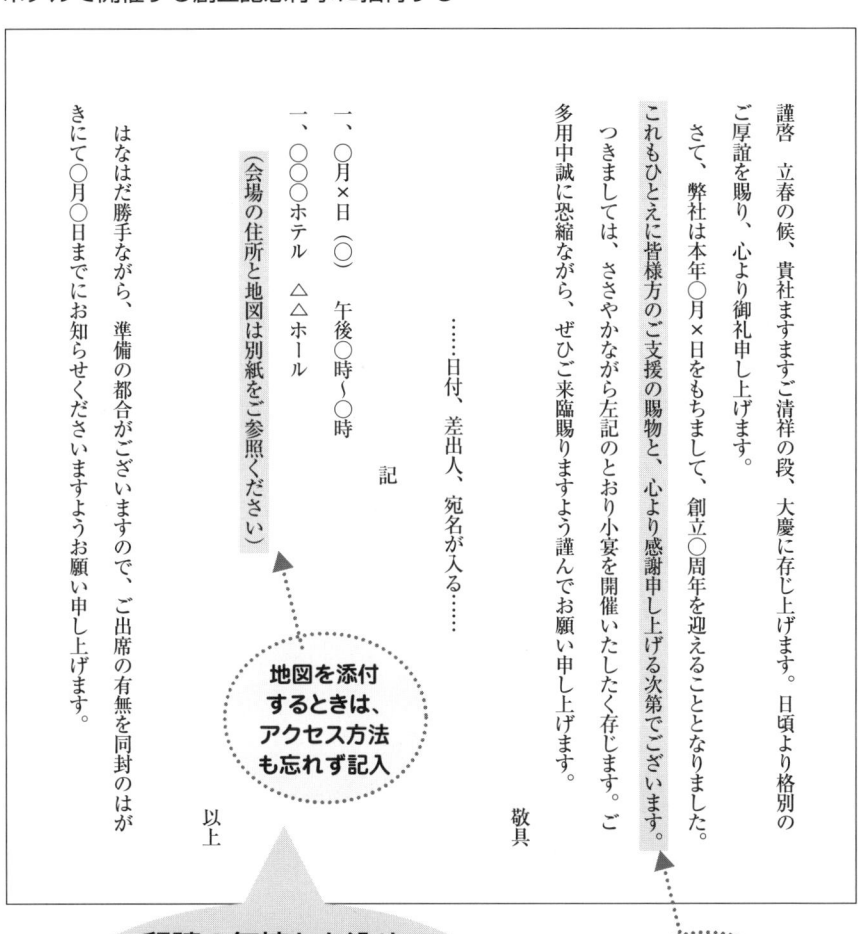

謹啓　立春の候、貴社ますますご清祥の段、大慶に存じ上げます。日頃より格別のご厚誼を賜り、心より御礼申し上げます。

さて、弊社は本年○月×日をもちまして、創立○周年を迎えることとなりました。これもひとえに皆様方のご支援の賜物と、心より感謝申し上げる次第でございます。

つきましては、ささやかながら左記のとおり小宴を開催いたしたく存じます。ご多用中誠に恐縮ながら、ぜひご来臨賜りますよう謹んでお願い申し上げます。

敬具

……日付、差出人、宛名が入る……

記

一、○月×日（○）　午後○時〜○時
一、○○○ホテル　△△ホール
　（会場の住所と地図は別紙をご参照ください）

はなはだ勝手ながら、準備の都合がございますので、ご出席の有無を同封のはがきにて○月○日までにお知らせくださいますようお願い申し上げます。

以上

> **地図を添付するときは、アクセス方法も忘れず記入**

> **「会社の成長も支援の賜物」と、日頃の感謝を忘れず書く**

> **ポイント：懇請の気持ちを込め、礼儀正しい文体で書く**
> 会社行事への案内は、会社としての挨拶状も兼ねる。「是非」という気持ちを込め丁重な文体で

社交に関わる文書はこう作る

■例2:説明会を開きます
会員を対象にした説明会について案内する

> 宛名は「各位」、会を開催する部署名で出す

平成〇年〇月×日

会員様各位

〇〇〇〇株式会社
△△課長　〇〇〇

新商品説明会のご案内

拝啓　日頃より格別のご厚誼を賜り、誠にありがとうございます。

　さて、弊社の主力商品であります「〇〇〇」は、エコロジーブームに先駆け、発売以来不動の人気を誇っております。この「〇〇〇」につきまして、弊社で独自に開発した新機能を搭載し、「新型　〇〇〇-A」として、新たに発売することとなりました。

　つきましては、その新しい使い心地を是非会員の皆様に体感していただきたく、実演を兼ねた説明会を、別紙の通り開催いたします。

　ご多用中恐れ入りますが、皆様お誘い合わせのうえ、ご参加くださいますようお願い申し上げます。

敬具

> 開催に至る背景や趣旨を分かりやすく説明する

> 日程や場所の他、問い合わせ先として担当者の連絡先を添付しておく

ポイント：勧誘に応じやすいよう目的や詳細を明示する
催しの趣旨を明確に打ち出すことで、読み手を納得させ、興味を持たせることができる

■例3:新作ウエアの展示会を開催します
春夏新作展示会について顧客に案内する

春夏新作ウエア展示会のご案内

拝啓　時下ますますご隆盛のこととお慶び申し上げます。平素より格別のご高配を賜り、誠にありがとうございます。

　さて、このたび弊社では「春夏新作ウエア」を発表いたします。本年度の新作におきましては、シフォンやガーゼ素材をふんだんに取り入れることで、シックながらも春夏にぴったりの軽やかなラインを実現しております。

　つきましては、別紙の通り展示会を開催いたしますので、ご多用中恐縮でございますが、ご来場いただけますと幸いに存じます。

敬具

ポイント

内容を一部紹介し、読み手の興味をそそる
新作のコンセプトやテーマを一言添えることで、催しのイメージをつかみやすくする

カタログの送り状にアレンジ

拝啓　時下ますますご清祥のこととお慶び申し上げます。

　さて、このたび弊社の春夏新作を満載した「Springファッションブックレット」をお届けいたします。

　今期は、"北欧ノスタルジックガールの春"をコンセプトに、ゆったり身体を包み込むラインとレイヤードスタイルが特徴的な商品を展開しております。

　是非ご高覧いただき、ご用命を賜りましたら幸いに存じます。

　どうぞよろしくお願いいたします。

敬具

社交に関わる文書はこう作る

●お祝いを伝える（祝い状）

お祝いと賞賛の言葉で、ともに喜ぶ姿勢を伝える

喜びの気持ちが読み手にも伝わるよう慎重に言葉を選ぶ

相手の努力を賞賛する一文を
祝い事を招いた相手の努力を称える。ともに喜ぶ意味を込め、多少大袈裟に書いても可

```
頭語
  挨拶
    お祝いの言葉
      努力を称える
        今後の発展を祈る
          結びの言葉
            結語
宛名
  日付
    差出人
```

社長就任や支店の新設など、相手に慶び事があった場合は、タイミングを逃さず祝い状を出す。

文中では、祝いの言葉に合わせ、相手の努力や業績を称える一文を入れるが、ここで大袈裟に書きすぎて白々しくならないよう気を付けなければならない。また、不吉な意味の語を連想させる「忌み言葉」を使わないよう注意する。

祝い状で避けたい忌み言葉

新築祝い	燃える・火・煙・赤・傾く
開業祝い	倒れる・消える・閉じる・失う
結婚祝い	離れる・分ける・戻す・去る

「祝い状」の本文はこう書く

■例1:創立○周年おめでとう
創立記念を祝い、祝賀会への参加を伝える

> 拝復 早春の候、いよいよご清祥のこととお慶び申し上げます。
> このたび貴社創立二十周年を迎えられたとのこと、心よりお祝い申し上げます。また、祝賀会にお招きをいただき、光栄に存じます。喜んで出席させていただきます。
> ご創業以来、時代のニーズに応える新事業を次々と展開され、○○業界における先駆者となられました御社と、お付き合いをさせていただきますことは、弊社にとりましても大変喜ばしいことでございます。
> まずは略儀ながら、書中をもちましてお祝い申し上げます。
>
> 敬具
>
> 平成○年○月×日
>
> 株式会社×××
> 代表取締役社長　△△△△様
>
> △△株式会社
> 代表取締役社長　○○○○

招きに対して書くので「拝復」に

会社としての慶び事の場合、差出人も宛名も代表者名に

ポイント：努力や功績を自分の言葉で称える

「ご創業以来……」以下で成功を称えて喜ぶ姿勢を示している。慣用句に頼らず自分の言葉で書く

社交に関わる文書はこう作る

■例2：新事務所の開業に対して
新しい事業を始めた相手を激励する

> 夢がかなったことを褒めて励ます

拝復　万緑の候、貴殿にはますますご健勝のこととお慶び申し上げます。

さて、このたびは独立開業されたとのご挨拶状をいただき、ありがとうございました。ウェブデザイン会社を立ち上げられたとのこと、誠におめでとうございます。

念願かなって新ビジネスを始められた＊＊＊様の行動力にはつくづく感服いたしますとともに、貴殿のセンスをもってすればご成功は確実かと思われます。

今後のご健闘を心よりお祈りいたします。

まずは書中にてお祝い申し上げます。

　　　　　　　　　　　　敬具

ポイント：新天地での活躍を期待する一言を添える

新しい門出を祝って書く文書では、未来の活躍を祈り励ます一文を、祝いの言葉の後に付ける

■例3：担当者の昇進に対して
取引先担当者の昇進を祝う

> これまでの仕事振りを称えて激励

拝啓　秋色の候、ますますご健勝のこととお慶び申し上げます。

さて、このたびは△△△部長にご昇進とのこと、誠におめでとうございます。謹んでお祝い申し上げます。

○○部におけるご活躍から申しますと当然のご栄進とは存じますが、○○様の誠意あるお仕事振りには、かねてより感服いたしておりました。今後ますますのご活躍をお祈り申し上げます。

まずは略儀ながら、書中をもってお祝い申し上げます。

　　　　　　　　　　　　敬具

（退院、おめでとうございます！）

■例4：退院おめでとう
闘病への労(ねぎら)いを込めつつ退院を祝う

> 「○○からお聞きしたのですが」と具体的に書いてもよい

拝啓　若葉が目にしみるこの頃でございます。
　その後いかがお過ごしかと案じておりましたが、承りますればご退院されたとのこと、心よりお祝い申し上げます。
　日頃ご健康でいらしただけに、ご家族の皆様のご心配も並々ならぬものがあったかと拝察いたします。ご退院にあたり、さぞや安堵されたことでしょう。
　お仕事のこともお気がかりかとは存じますが、くれぐれも油断なさらず、ご自愛なさいますことを、お願い申し上げます。
　まずは書中ながらご退院のお祝いまで。

　　　　　　　　　　　　　　　　　　　　　　　　　　　　敬具

ポイント　相手の苦労や努力を自分の言葉で労う
お祝いの言葉を書いた後、当人とその家族に対し、入院中の苦労を気遣う一文を付ける

社交に関わる文書はこう作る

●紹介・推薦する（紹介状・推薦状）

紹介することによって生じる相手のメリットをアピール

自分の知っている人物や会社を相手に取り次ぎ、紹介する文書。相手の依頼に応じて紹介する場合と、自分から紹介する場合とがある。どちらの場合も、紹介するものに関する情報を正確に伝えることが大切だ。会社案内などを添付したり、大袈裟にならない程度に長所や特長を書き添えよう。

判断材料を添えて紹介の理由を明確にする

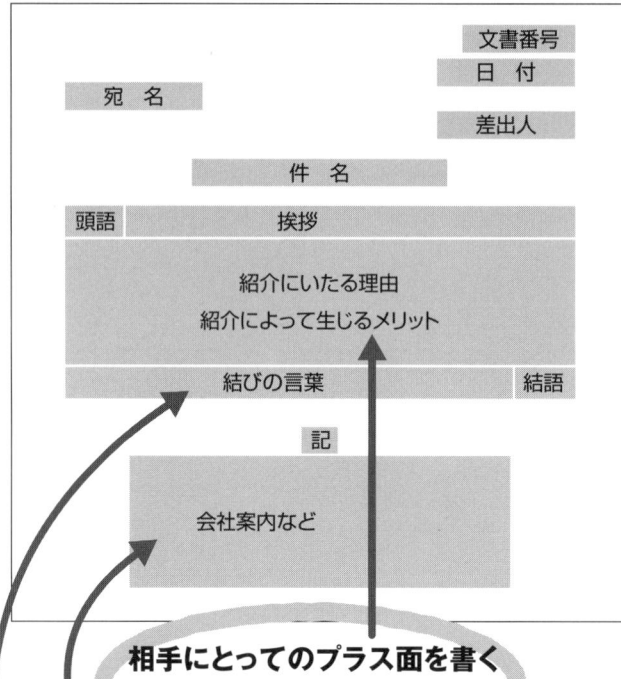

```
                          文書番号
  宛 名                    日 付
                          差出人
              件 名
  頭語    挨拶
        紹介にいたる理由
        紹介によって生じるメリット
        結びの言葉              結語
                記
        会社案内など
```

相手にとってのプラス面を書く
紹介、推薦の根拠を明らかにし、相手にとってのメリットをアピール

信用を判断する資料を添付
紹介する会社や人物について相手が信用を判断しやすいよう、会社案内やプロフィールを添付

末文は慣用句で締めくくる
「まずはご紹介まで」「よろしくご高配のほどお願い申し上げます」といった慣用句で締めくくる

「紹介状・推薦状」の本文はこう書く

■例1：後任の担当者を紹介します
自分の異動を知らせ、後任者を紹介する

> これまでの厚意に対してお礼を書く

後任担当者のご紹介

　拝啓　貴社にはますますご隆盛のこととお慶び申し上げます。

　さて、早速ですが私こと△△部から××部への転任を命ぜられました。貴社担当としてこれまでひとかたならぬご厚誼にあずかりましたこと、改めて厚く御礼申し上げます。

　なお、後任として〇〇が任命されましたので、ご紹介申し上げます。〇〇は私の後輩にあたりますが、フットワークが軽く誠実な人柄です。どうぞ私同様お引き立てくださいますようお願い申し上げます。

　近日中に〇〇がご挨拶に参ります。ご多忙中恐縮ですが、ご面会いただければ幸いに存じます。

　取り急ぎご紹介まで。

敬具

> 後任者の長所を挙げ、アピールする

ポイント

正式な挨拶のために近日中に出向く旨を書く
基本的には異動の報告と後任者の紹介を兼ね、訪問して挨拶を。その前に文書で一報しておく

「この間話した会社の方です。うちでもう何年も依頼してるんです」

■例2：人材派遣会社を紹介します
先方の要望に応えて他社を引き合わせる

拝啓　時下ますますご清祥のこととお慶び申し上げます。平素は何かとご厚誼を賜りありがたく御礼申し上げます。

　さて、貴社におかれましては営業部の増員にあたり人材派遣会社をお探しと承りました。つきましては、弊社でも長年にわたりお付き合いのある△△△社をご紹介いたしたく、下記のとおり会社案内等をご送付申し上げます。

　よろしければ一度ご相談されてみてはいかがかと存じます。まずはご紹介まで。

敬具

記

1. △△△社会社経歴書　1通
2. 同社代表者　略歴書　1通

以上

ポイント　信用状態などの基本情報を盛り込む
自社との関係などを書き、紹介する会社の規模や信用状態が判断できる資料を添付する

会社経歴書などを添付する

■例3:名刺で紹介します
名刺を使って紹介状を作る

○○○○様
　先日お話しいたしました、□□産業の×××課長をご紹介します。＊＊の件でお話があるそうです。よろしくご高配のほどお願い申し上げます。

「〜の件で貴社○○部の方にお会いしたいとのことです」など、具体的に書いても可

ポイント

名刺を使った紹介は、気のおけない相手に限る

ほぼ話がまとまっており、しかも気のおけない相手の場合は、この方法での紹介も可。小さな字で収まりよく書く

表に書く場合…
会社名の上に小さく書く

○○○○○○○○○○○○○○
○○○○○○○○○
○○○株式会社
○○○○部

部長　□□□□

住所＆TEL

裏に書く場合…
文が長くなるときは裏に書く

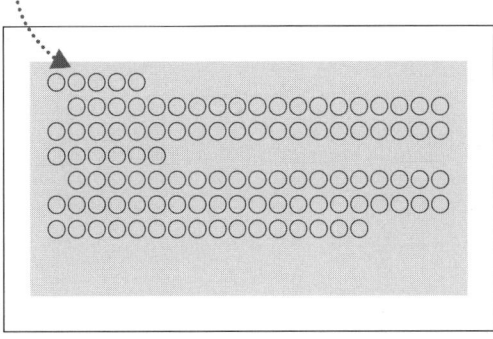

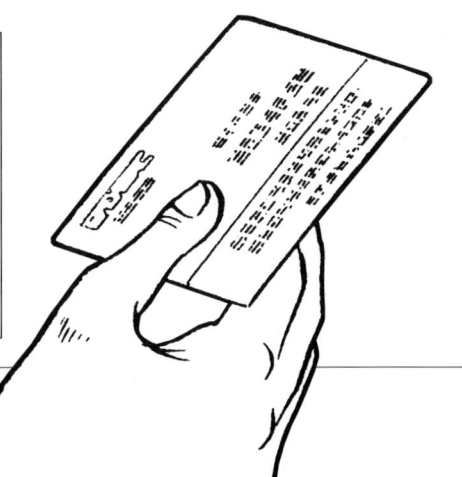

社交に関わる文書はこう作る

●お見舞いを言う（見舞い状）

会いに行けないことを詫び、励ましの一言を添える

病気や事故、災害など、相手が苦しい状況にあるとき、安否を気遣い、励ますための文書。

失意の相手を力づけるためには、誠意ある文面でなければならない。慣用表現を並べて大袈裟に同情したり、被害の程度や病状を把握せずに見当違いな見舞いの言葉を書いたりすると、失礼にあたるので注意が必要だ。

見舞いの言葉はタイミングが大切。情報を得たら即座に出す

前文は省略　頭語から主文へ
時候の挨拶などの前文は省く。「承りましたところ」として主文に入る

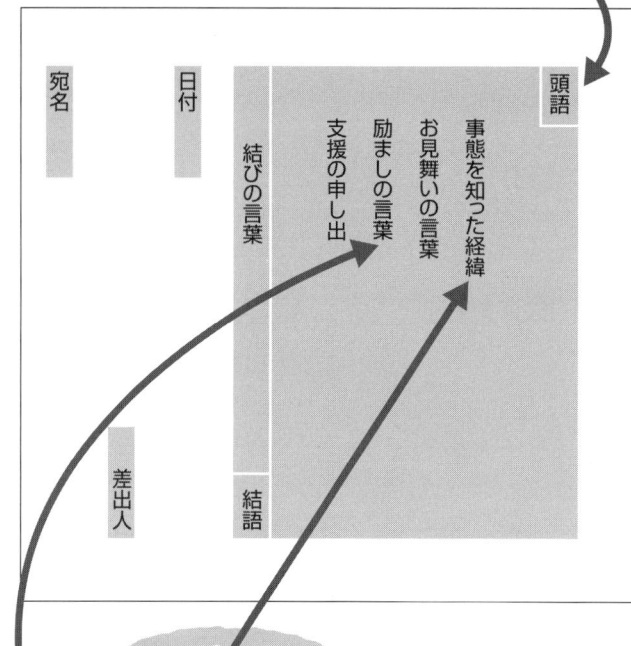

［書式］
- 頭語
- 事態を知った経緯
- お見舞いの言葉
- 励ましの言葉
- 支援の申し出
- 結びの言葉
- 結語
- 日付
- 宛名
- 差出人

確かな情報を得てから書く
実際の状況と食い違う見舞い状は失礼。書く前に詳しい情報を得る

自分なりの言葉で励ます
決まり文句を並べては誠意が伝わらない。できるかぎり自分の言葉で

「見舞い状」の本文はこう書く

■例1：交通事故に対して
交通事故に遭った取引先の担当者に見舞い状を出す

前略　承りますれば、今朝ほど交通事故でご入院されたとの由、誠に驚きました。

ご家族の方からお伺いしたところによりますと大事はないとのこと、大変安堵いたしました。

ご加療専一になさって、速やかにご全快されますことを心よりお祈り申し上げます。

お見舞いに参上したいところではございますが、ご迷惑をおかけしてもいけないと思い、とりあえず書面をもちましてお見舞い申し上げます。

　　　　　　　　　　　　　　　　　　　　　　　　　　　　草々

ケガや病気の状況はしつこく聞かない

ポイント

仕事の話はタブー　見舞いの言葉のみを記す
文中では見舞いの言葉や支援の申し出のみを書く。仕事の話は決して入れてはいけない

■例2：災害被害に対して
被災地の取引先に対して支援を申し出る

急啓　今朝ほどテレビニュースにて、東北地方を中心とした大地震で深刻な土砂崩れが発生し、御地の交通機関に影響をもたらしていることを知りました。

御社につきましても、納品に遅れが生じるなどの被害があったと承り、心配申し上げております。

弊社でお役に立つことがございましたら、何なりとお申し付けください。できるかぎりのご援助をさせていただきたく存じます。

まずは、取り急ぎお見舞い申し上げます。

　　　　　　　　　　　　　　　　　　　　　　　　　　　　草々

緊急時、現地の支社員を派遣して協力を申し出る場合もある

＊社交に関わる文書はこう作る＊

●お悔やみを言う（お悔やみ状）
忌み言葉に注意し形式に従って作成する

取引先の社長や社員、その親族などの訃報に接し、哀悼の意を表す文書。本来は、直接足を運んでお悔やみの言葉を述べるのが礼儀だが、通夜や葬儀に列席できない場合にお悔やみ状を送る。

故人の死去を惜しむ言葉では、生前の思い出話などを交えて作成するとよい。

大袈裟な表現は使わず、形式に従って悲しみを表現する

頭語と挨拶を省く
取り急ぎ出す文書のため、頭語や前文を省略し、主文から始める

文面構成：
- お悔やみの言葉
- 死去を惜しむ言葉
- 遺族への励まし
- 葬儀に参列できないお詫び
- ご冥福をお祈りします

（日付／宛名／差出人／合掌）

仏式であれば「合掌」を
結語は「敬具」や「敬白」でもよいが、仏式の場合は「合掌」を入れる

本来は足を運ぶべき。丁重に謝る
本来なら葬儀に出席するべき。欠席に対するお詫びとその理由を書く

お悔やみ状を書くための2つの鉄則

●「忌み言葉」と「追伸」は禁物
「ますます」「いよいよ」「また」といった反復の意味を持つ言葉は忌み言葉にあたる。追伸も書いてはいけない

●「薄墨」を使う
悲しみの意を表すために、薄墨で書く

●「純白の用紙」を使う
用紙は罫線の入っていない純白のものを選び、自筆で縦書きする

「お悔やみ状」の本文はこう書く

■例1：関係先の親族の訃報に
取引先の家族の訃報に対しお悔やみを伝える

> 御尊父様ご逝去のご悲報に接し、大変驚いております。心よりお悔やみ申し上げます。
> つい先日もご自宅におうかがいしてお元気なお顔を拝見したばかりでしたのに、まったく信じがたい思いがいたします。
> ご家族の方のご悲嘆はいかばかりかとお察しいたしますが、どうかご愁傷のあまりご健康を損なうことなどございませんようお祈り申し上げます。
> まずは略儀ながら、書中にてお悔やみ申し上げます。

家族の呼び方は、「御尊父様」「御母堂様」「御主人様」「奥様」など

ポイント　故人を悼むとともに、周囲への気遣いも忘れずに
故人の死に対して哀悼の意を表した後に、遺族の気持ちを思いやる一文を付ける

■例2：取引先の社長の訃報に
取引先会社の社長逝去に対しお悔やみを伝える

> 御社代表取締役社長△△△△様のご訃報に接し　謹んでご逝去を悼み　ご冥福をお祈り申し上げます
> △△△△社長ご在世中は　長年にわたりご懇情を賜り感謝に堪えません　心よりお礼申し上げます
> ご遺族の方々はじめ　貴社ご一同様のご落胆いかばかりかと拝察申し上げます
> 本来ならば早速お伺いし　お悔やみ申し上げるべきところではございますが　遠隔のゆえ思うにまかせません　失礼の段深くお詫びいたします
> まずは取り急ぎ書中をもちましてお悔やみ申し上げます
> 　　　　　　　　　　　合掌

改まった弔辞では句読点を省略する場合もある

業務を遂行するための文書は、"会社としての意向"を相手に伝えるもの。失礼と誤解のないよう、慎重に作成しなければならない

第3章 「実務に関わる社外文書」が会社の評価を決める

実務に関わる文書はこう作る

●お詫びを言う(詫び状・弁明状)

誠心誠意、お詫びを述べる。弁明や善後策はその後で

ビジネス上のトラブルで相手に損害を与えたとき、全面的にこちらに非がある場合は、詫び状を作成する。一方、やむを得ない事情や先方にも落ち度があった場合、そのことについて弁解や釈明をおこなう弁明状を書くが、その場合も、反省すべき点は認め、誠意ある態度で書くことが大切だ。

再発防止の決意を盛り込むと誠意が伝わる

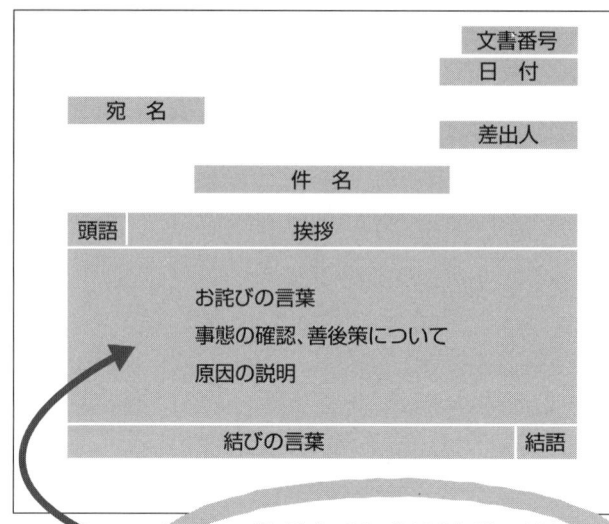

```
                          文書番号
                          日　付
   宛　名
                          差出人
              件　名
 頭語        挨拶

      お詫びの言葉
      事態の確認、善後策について
      原因の説明

            結びの言葉           結語
```

言い分があるときは詫びの後に
ことの次第を説明するなど言い分がある場合も、まずお詫びを述べてから書く

上手に詫びるには順序が大切

1 事態を確認する
すぐに平謝りするのではなく事故の状況や理由を把握してから謝る

2 差出人を検討する
顧客のクレーム対応などでは、しかるべき職位の者を差出人にする

3 卑屈にならずに書く
誠意を持って詫びた後は、むやみに卑屈にならず、冷静に解決策を探る

4 善後策を書き添える
今後の対策や事故の処理方法を書き添え、誠意をアピールする

「詫び状」の本文はこう書く

■例1：不良品のクレームが来た
不良品を訴える顧客のクレームに謝罪する

> どのような対応が可能か、日付なども含め明確にする

不良商品について

　拝復　ますますご健勝のこととお慶び申し上げます。
　さて、このたびはご注文の弊社製品「□□□」に欠陥があったとのご指摘をいただきましたこと、誠に申し訳なく、深くお詫び申し上げます。
　ご返送いただきました当該品を改めて点検いたしましたところ、○○部分に不具合があることがわかりました。さっそく新しい品を、○月×日午前中にお届けいたします。
　日頃より商品管理にはじゅうぶん注意を払っているつもりでございましたが、部品作製の段階で手落ちがあったようで、只今、原因を調査中でございます。
　今後は、二度とこのような不手際がないよう確認作業を徹底いたす所存でございます。なにとぞご了承賜りますよう、お願い申し上げます。
　まずは、お詫びかたがたお願いまで。

敬具

> 理由が未解明の場合は、その旨を伝える

ポイント　誠意を見せるためには事態の確認を第一に
相手の言い分とかみ合わない詫びの言葉や弁明は、極めて失礼。事態を把握してから作成を

「欠陥品ではなく、こちらに落ち度はない」という場合

　……ご指摘をいただき、恐縮いたしております。ご返送いただきました当該品を点検しましたが、欠陥はございませんでした。「□□□」は負担がかかると運転停止する機能を備えており、そのためかと思われます。
　説明書の記載が曖昧であったことを深くお詫びするとともに、再度ご熟読いただければ幸いです。取り急ぎご回答まで。

＊実務に関わる文書はこう作る＊

■例2：案内状の記述に誤りがあった
すでに送った案内状の内容を訂正する

案内状訂正の件

拝啓　時下ますますご清栄のこととお慶び申し上げます。
　さて、このたび会員の皆様にお送りさせていただきました来春スタートの新サービスについてのご案内ですが、サービス開始の日時に、下記のような誤りがありました。お手数をおかけいたしますが、お手元のご案内状を訂正していただければと思います。
　会員の皆様にご迷惑をおかけしたことを深くお詫び申し上げます。今後ともどうぞよろしくお願い申し上げます。

敬具

○○○年×月△日

○○○株式会社

記

「新○○○サービスについてのご案内」の訂正

	誤	正
サービス開始日時	○月×日	○月△日

以上

> **誤りと正しい情報を表形式にして見やすくまとめる**

ポイント
誤りの箇所を明確に指摘し、正誤表をつける
相手の手元にあるものに関する訂正なので間違い部分と正しい情報を分かりやすく伝える

まず電話でお詫びと訂正を伝え、確認の意味で文書を送るという方法が一般的

■例3：品違いの指摘に対して
注文と違う商品を送ってしまい、再手配を通知する

誤送品について

　拝啓　時下ますますご清栄のこととお慶び申し上げます。平素は何かとお引き立てを賜りまして、誠にありがとうございます。

　さて、○月×日付でご納入の商品がご注文と異なっていたとのご指摘をいただき、さっそく確かめましたところ、受注段階での当社の手違いと判明いたしました。誠に申し訳なく、深くお詫びいたします。

　今後はこのようなミスを繰り返さぬよう管理システムを見直しますゆえ、なにとぞご容赦くださいますようお願い申し上げます。

　なお、ご注文の商品は本日、○月×日午前のご納入で手配させていただきました。誤送品につきましても、ご返送くださいまして感謝いたしております。

　今後ともなにとぞご高配賜りますようお願い申し上げます。

敬具

> 今後二度と繰り返さない決意を表明する

> 誤送品の返送に対しお礼を書く

ポイント：非を認めて丁重に詫び、再手配について詳しく書く

詫びの後、再手配について書く。いつ頃相手の手元に届けられるか、詳しい日時を書いておく

実務に関わる文書はこう作る

■例4：担当者の態度に顧客が怒っている
接客担当者への苦情に対し、監督不行き届きを謝罪する

拝復　ますますご健勝のこととお慶び申し上げます。

　さて、弊社○○支店におきまして、当社社員の接客態度に大変失礼な点がありましたこと、誠に申し訳なく心よりお詫び申し上げます。

　平素より接客についての研修を積極的におこなっておりますが、当日お客様の接客を担当した社員は本年4月に入社したばかりでしたので、ご不快な念を感じさせましたものと思われます。教育が行き届かずご迷惑をおかけしたことを、責任者として心よりお詫び申し上げます。

　今後このような不手際を繰り返さぬよう、サービスの向上に努めて参る所存です。今後ともご愛顧を賜りますようお願い申し上げます。

敬具

平成○年×月×日

○○○ショップ△△支店
店長　○○○○○

ポイント

怒りを収めるために差出人と言い回しを検討する
差出人を責任者名にし、「監督不行き届きで……」と書くことで、ことの重大さを真摯に受け止めたという姿勢が伝わる

差出人は担当者ではなく責任者に

■例5:値上げへのクレームが来た
もっともな苦情に対し、了承を懇願する

> 相手からの抗議に対する返事は「拝復」に

拝復　平素はひとかたならぬご厚誼を賜り誠にありがとうございます。

　さて、このたびは弊社製品「○○○」の料金改定につき、貴社よりご抗議を賜りまして大変恐縮に存じます。

　ご指摘のとおり、価格競争の激しい○○業界におきまして、この度の値上げがリスクを伴うものであることは重々承知いたしております。

　しかし、部品△△が年々値上がりしているこの状況で品質を維持するためには、現状価格からの10%値上げはやむを得ないことと考えております。

　弊社の苦境をお察しのうえ、あしからずご了承くださいますようお願い申し上げます。

敬具

> **ポイント**
> **理由を明確にし、金額が妥当であると説得**
> 相手の抗議ももっともとして立場に理解を示したうえで、事情を論理的に説明し、説得する

> 相手の言い分に理解を示す一言を

実務に関わる文書はこう作る

●通知する（通知状）

一目で内容が分かるよう記書きと件名を工夫する

業務に関わる情報を、先方に伝えるための文書。

日程や品番、数量など細かい情報が多くなる。相手に正確に伝えるためには、記書きを利用するなど見やすくするための工夫が必要だ。また、電話番号や休業日の変更を伝える通知状では、記述に誤りがないよう注意する。

誤解なく情報を伝えるため必要な事柄を見やすくまとめる

情報に信頼性を持たせる
記載した情報が、新しいものであるとアピールするために日付は必須

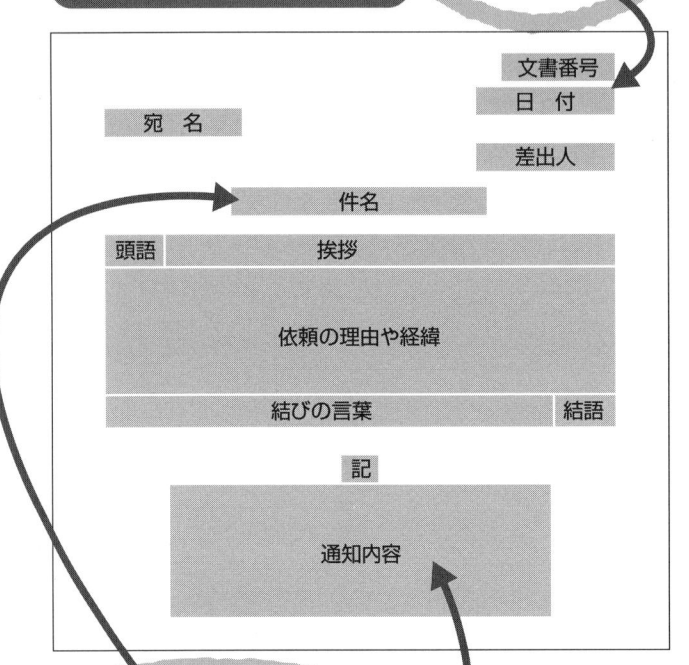

| 文書番号 |
| 日付 |

宛名

差出人

件名

| 頭語 | 挨拶 |

依頼の理由や経緯

| 結びの言葉 | 結語 |

記

通知内容

なるべく具体的に付ける
スムーズな情報伝達のため、文書の用件が、件名で分かるようにする

知らせる内容を記書きで整理
日時や場所など5W1Hを記書きに。要点は書体を変えるなどして目立たせる

■要点を分かりやすくするには…
・下線や網かけを利用して目立たせる
・ゴシック体を使ってメリハリをつける

「通知状」の本文はこう書く

■例1：夏期休暇のお知らせです
夏期休暇で業務がストップすることを知らせる

> 休業の予定は、相手の業務に支障をきたさないよう早めに知らせる

夏期休暇のお知らせ

　拝啓　ますますご繁栄のこととお慶び申し上げます。平素は格段のご高配を賜り誠にありがとうございます。
　さて、誠に勝手ながら弊社では下記期間を夏期休暇とさせていただきます。ご不便をおかけいたしますが、なにとぞご了承のほど、よろしくお願い申し上げます。
　なお休暇中のご注文はファックスもしくはEメールにてお願いいたします。休業明けの×日に手配させていただきます。　　　　　　　　　　　　　　　敬具

記

夏期休暇期間　　○月×日（○曜日）～○月□日（△曜日）

以上

> **ポイント**
> 休暇中の連絡の取り方、業務の状況についてフォローを
> 受注やサービス体制の変更、緊急時の窓口の番号など、期間中の対応について書いておく

■例2：部署の電話番号が変わりました
組織変更にともなう直通番号の変更を知らせる

電話番号変更のお知らせ

　拝啓　早春の候、ますますご清祥のこととお慶び申し上げます。平素は格別のお引き立てを賜り、厚く御礼申し上げます。
　さて、先日お知らせしました組織変更にともない、直通の電話番号を下記の通り変更することとなりましたので、ご通知申し上げます。お手数ではございますが、お手元の控えをご訂正いただけますと幸いに存じます。
　まずは取り急ぎお知らせまで。

敬具

記

<総務部>
旧電話番号：00-0000-0000
新電話番号：00-0000-0000

以上

（吹き出し）個人から個人に宛てるときは、訂正済みの名刺を同封してもよい

■例3：休業日が変わりました
顧客に休業日変更を通知する

ポイント：変更内容を確実に伝えられるよう工夫する
記書きにしたり、別紙にまとめ切り離して保管できるようにするなどの工夫を

休業日変更のお知らせ

　拝啓　陽春の候、ますますご隆盛のこととお慶び申し上げます。平素は格別のお引き立てにあずかり、厚く感謝いたしております。
　さて、このたび休業日を別紙の通り変更させていただくことに相成りました。当面ご迷惑をおかけすることもあるかと存じますが、ご了承くださいますようお願い申し上げます。

敬具

■例4：商品を出荷しました

受注品の出荷と到着予定を、注文者に知らせる

ご依頼品出荷のお知らせ

拝啓　時下ますますご清祥のこととお慶び申し上げます。平素はお引き立てくださいまして誠にありがとうございます。

　さて、〇月×日付でご依頼いただきました下記の商品につきまして、〇月△日午前着で手配いたしました。よろしくご査収のほどお願い申し上げます。

　なお、同封の受領書にご署名ご捺印のうえ、ご返送いただけますと幸いに存じます。

　まずは取り急ぎ出荷のお知らせまで。

敬具

記

〇〇〇A102型　　　　　　　10個
B103型　　　　　　　　　　10個

以上

受注内容を改めて記し確認する

ポイント：出荷完了の報告と合わせ手元に届く時間帯まで通知
相手の元に届く日付と時間帯を必ず入れておく。宅配便名や荷物番号などを付けるとより親切

受領書を返送してもらう

実務に関わる文書はこう作る

■例5：ご注文の商品は品切れです
受注品の在庫がなく、入手不可能なことを伝える

ご注文品在庫切れのお知らせ

拝啓　立秋の候、貴殿にはますますご健勝のこととお慶び申し上げます。

　さて、〇月×日付でご注文いただきました「□□」100個ですが、当店ではあいにく在庫を切らしております。メーカーに問い合わせましたところ、すでに生産打ち切りとなっていることがわかりました。

　ご希望に沿えず申し訳ございません、なにとぞご容赦くださいますようお願い申し上げます。

　今後ともご愛顧のほど、よろしくお願い申し上げます。

敬具

ポイント

相手が納得できるような対応、書き方を心がける
相手の了承を得られるような文面にするために、お詫びとともに理由を論理的に書く

手に入らない理由を書く

希望に応じられないことを謝罪

手を尽くしたと強調

他の支店にも問い合わせてみましたが、お客様のご注文数には到底満たない状態です。

代替案を提案する場合

なお、「□□」と型違いの「××」でしたら、用意が可能です。機能的にはまったく同じです。ご検討いただければ幸いに存じます。

■例6:採用試験の結果をお知らせします
試験の合格と次回面接の詳細を知らせる

拝啓　秋色の候、貴殿におかれましてはますますご健勝のことと拝察いたします。

　さて、過日は当社社員採用試験を受験していただき、誠にありがとうございました。

　選考の結果合格されました。弊社にて下記の通り面接試験をおこないますので、御来社くださいますようお願いいたします。

　　　　　　　　　　　　　　　　　　　　　　　　　　　　敬具

　　　　　　　　　　　　記

1. 日時　　○月×日（○曜日）　00：00～00：00
2. 会場　　「□□□」会場（弊社3階）

　　　　　　　　　　　　　　　　　　　　　　　　以上

　　　　　　　　　　　　　　　　　　担当：人事部　△△△△

> 受験に対して感謝の一言を添える

ポイント

試験日の詳細は、誤解を招かないよう正確に

次回試験の詳細は記書きか別紙で整理。問い合わせに備え、担当者名を明記する

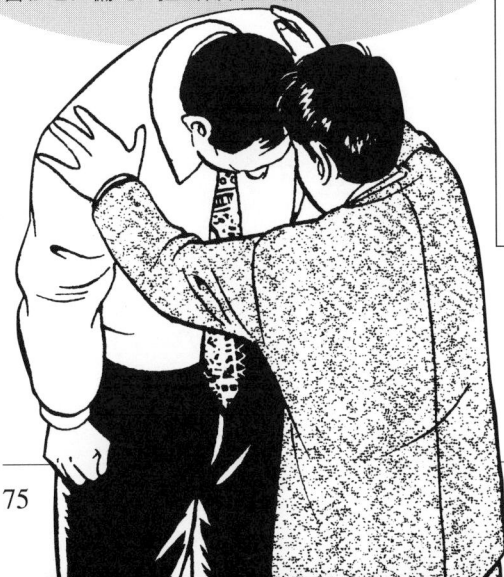

不合格の場合

　選考の結果、はなはだ残念ではございますが、今回はご希望に沿いかねることになりましたことをお知らせいたします。

　今後のご健勝をお祈りいたします。

> 励ましの言葉で締めくくる

＊実務に関わる文書はこう作る＊

●問い合わせる（照会状）
的を射た回答をもらうために具体的に質問する

誠意を見せ、回答する気にさせる

依頼のつもりで丁寧に
問い合わせを依頼する立場なので、礼儀正しい挨拶で丁寧に切り出す

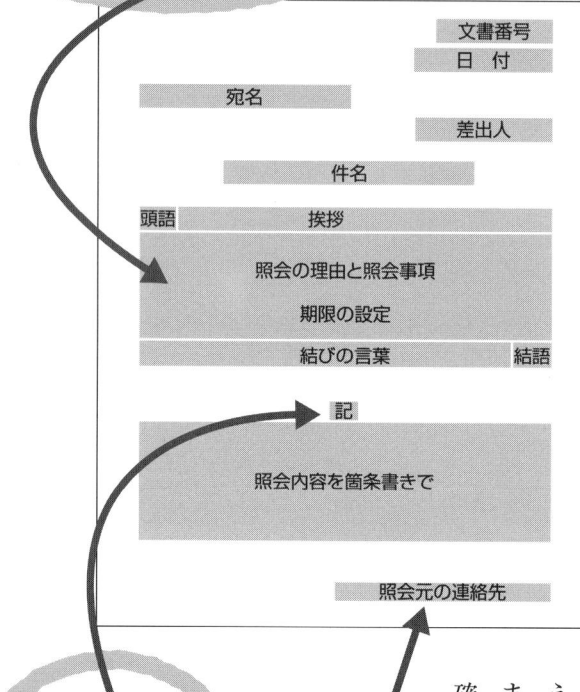

```
                              文書番号
                              日　付
        宛名
                              差出人
            件名
頭語    挨拶
      照会の理由と照会事項
      期限の設定
           結びの言葉          結語

      記

   照会内容を箇条書きで


            照会元の連絡先
```

記書きでまとめる
知りたい内容が多岐にわたる場合は、箇条書きにまとめる

照会元を明記する
部署の所属長名で発信。直接の担当者、連絡先を文末に明記

　照会状は、商品の在庫や取引条件など、ビジネス上の不明点や確認事項を相手に問い合わせたいときに書く文書。

　作成するときは、こちらの都合で先方に動いてもらうことを踏まえ、丁寧な言い回しを心がける。また、相手が回答しやすいよう、確認したい事柄を具体的に記す。

76

「照会状」の本文はこう書く

■例1：商品の在庫を教えてください
購入希望商品の在庫を、至急問い合わせる

○○○の在庫についてのご照会

拝啓　いつも何かとお世話になりまして誠にありがとうございます。

　さて、早速ではございますが、貴社より発売されました「○○○」の在庫について問い合わせをいたします。「○○○」は発売より大変な人気で、売れ行きも良好と聞き及んでおります。つきましては、この「○○○」をプレゼントとして利用させていただきたく、500個ほど購入したいと考えております。在庫のご確認をお願いいたします。

　なお、プレゼント発送の期日が迫っております。ご対応が難しい場合、どの程度の数でしたら納品が可能かをお伺いしたいと存じます。ご多用中誠に恐れ入りますが、○月×日までにご回答賜りますようお願い申し上げます。

敬具

> 在庫がなかったときのことを考え、どう対応してほしいか書いておく

ポイント：期限を設定して回答をお願いする
急ぎの照会では、回答を確実に得るため期限を設けておく。相手の都合を考え、無理のない期限設定を

（はやく教えてくれ！）

実務に関わる文書はこう作る

■例2:取引条件を教えてください
新規取引の申し込みを兼ね、取引条件を尋ねる

新製品の取引条件のご照会

拝啓　時下ますますご清栄のこととお慶び申し上げます。

　さて、早速ではございますが、貴社のカタログを拝見し、新型の「○○○」が、従来の製品よりも非常に優れた機能を備えていることがわかりました。

　つきましては、是非「○○○」を弊社でも取り扱わせていただきたく、取引条件の詳細についてお伺いしたいと考えております。下記の項目についてご回答を賜りますようお願い申し上げます。

　なお、弊社は、東京に本社をかまえ全国に○支店を展開しております。当社の説明資料および取引実績を同封いたしますので、ご高覧ください。ご多忙のことと存じますが、どうぞ早急なご回答をお願い申し上げます。

敬具

記

1. 価　　格　　納入時一括払いの場合
2. 支払方法　　約束手形の最長期間
3. 運賃諸掛　　負担の範囲
4. 運送方法　　弊社事業所への配送を希望
5. その他　　　保証金条件

以上

> 新規の取引先には、自社を紹介して信用を得る

ポイント　照会にいたる背景を述べ、取引への意欲を示す

申し込みを前提とした照会状なので、まず取引に対する意欲的な姿勢をアピール。その後で、具体的な照会事項を記書きでまとめる

（マズイよ。送り直してもらおう）

（違う商品でした）

■例3：注文と違う商品が届きました
事件の原因を尋ね、再送をお願いする

ポイント

トラブルの原因を冷静に尋ねる
事態の解明を求める照会状。軽い抗議の意味もある。相手の非を責めず冷静に現状を説明する

着荷品についてのご照会

拝啓　時下ますますご発展のこととお慶び申し上げます。

　さて、〇月×日付にて注文いたしました「□□」5台につき、本日着荷いたしました。早速荷を解いてみましたところ、弊社注文の「□□」とは異なる内容となっておりました。貴社の納品書と弊社の注文控えを添付いたしますので、ご確認ください。何かの間違いかとは存じますが、至急ご調査のうえ、〇日までに着荷するようご手配くださいますようお願い申し上げます。

　なお、当該品は弊社にて保管いたしております。「□□」着荷の際に返品いたします。

敬具

「ご多用の折恐縮ですが」などと、控えめな表現でお願いする

実務に関わる文書はこう作る

■例4：注文した商品が届きません
着荷品が注文数に満たないことに対し、解明を求める

着荷品不足のご照会

拝啓　いつも大変お世話になっております。日頃より格別のご厚誼を賜り、ありがたく御礼申し上げます。

　さて、早速ですが、○月×日付で注文いたしました「△△」ですが、本日納品分を確認しましたところ、注文数に満たないことがわかりました。

キャンペーン期間中のみの限定商品ですので、時期を過ぎますと商品価値を失います。念のため、下記に発注数と納品数を記しましたので、ご面倒ながら至急ご調査のうえ、○月○日までにご納入くださいますようお願い申し上げます。

敬具

記

	注文数	納品数
「△△」102型	150個	120個
103型	200個	150個
104型	200個	150個

以上

納入が遅れることで生じる損害について書き、切迫感をアピールする

こんなに違っていたのか。申し訳なかった……

ポイント

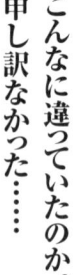

具体的な数量を記書きにまとめ、間違い状況を指摘

品数の違いなど間違いの状況を相手が把握しやすいようにするため、具体的な注文数と納品数をまとめる

■例5:発送予定日を教えてください
期日通り納入されるかどうかを確認する

発送予定期日について

拝啓　時下ますますご清祥のこととお慶び申し上げます。平素は格別のご高配を賜り、誠にありがとうございます。

さて、〇月×日付で注文いたしました下記商品の発送予定日につきまして、問い合わせをいたします。

注文の際、発送予定期日は〇月〇日と承りました。当社としましては、貴社の速やかなご対応を信頼し、予定通りご納入いただけることに懸念はございません。しかしながら、同品の購入者より、再三にわたり納入日の問い合わせがありましたことから、確認させていただく次第です。

つきましては、ご多用中恐れ入りますが、発送予定期日を改めてご連絡いただきたくお願い申し上げます。

敬具

記

1. 商品　　「〇〇〇」△△タイプ　〇個

以上

> 相手との信頼関係を損なわないため、信用している旨をきちんと伝える

> 照会するにいたった事情を正直に説明して、相手の理解を求める

ポイント　不快感を与えないよう丁寧に書き出す

一度確かめた期日を再度確認することで、不快感を与える場合も。丁寧な挨拶で書き出そう

「期日？この間教えたのにな」

＊実務に関わる文書はこう作る＊

●依頼する（依頼状）
誠意ある文章で頼み込み、相手を説得する

依頼状は、こちらの都合により一方的に相手に物を頼む文書。丁寧な言葉遣いで書く。

相手の業務に関わることをお願いする場合は、事務的な文面でよい。しかし、業務とはまったく関係のない事柄について無理を通してやってもらう場合は、丁重にお願いしなければならない。

依頼の内容を見やすく整理し丁寧な言葉遣いでお願いする

```
                    文書番号
                    日　付
    宛　名
                    差出人
            件　名
    頭語        挨拶
        依頼の内容・目的・理由
        お願いするときの慣用句
            結びの言葉        結語
            記
        依頼内容
```

お願いする立場を意識して書く
件名は「〜のお願い」とし、主文も丁寧な表現や言葉遣いで書く

内容は漏れなく箇条書きに
受け手がいつでも依頼内容を確認できるよう見やすくまとめておく

「依頼状」の本文はこう書く

■例1：見積もりを出してください
取引先に見積もりの請求をする

お見積もりのお願い

拝啓　時下ますますご清祥のこととお慶び申し上げます。

さて、先日お電話で申し上げました「△△△発売30周年記念キャンペーン」につきまして、下記の通り計画いたしました。つきましては、見積書の作成をお願いしたいと存じますので、ご高配のほどお願い申し上げます。

なお、キャンペーンの期日が迫っております。ご多用中恐縮ではございますが、概算で結構ですので、△月×日までにご送付いただけるとありがたく存じます。

どうぞよろしくお願い申し上げます。

敬具

記

1. キャンペーン名称：「△△△発売30周年記念キャンペーン」
2. キャンペーン期間：○月×日（○曜日）〜△月□日（○曜日）
3. 委託希望作業：①キャンペーンキャラクターの作成
　　　　　　　　②キャラクターを使用した販促グッズの作製
　　　　　　　　　・ポスター　　○枚
　　　　　　　　　・マウスパッド　○枚
　　　　　　　　　・キーホルダー　○個

（キャンペーン開始の○月×日までに、準備をお願いいたします）

以上

> 期限は具体的な日付を明記しておく

> 相手に依頼する作業の範囲を具体的に記す

ポイント
見積もりのための情報を漏れなく記書きでまとめる
仕事の内容や期限など、見積もりを出すうえで必要な細かい事項は、すべて記書きで整理する

業務範囲内の依頼のコツ

●簡潔・明瞭に書く
受け手が依頼内容を整理・確認しやすいよう、簡潔にまとめる

●急用はファックスも可
封書が基本だが、急ぎの場合はファックスやEメールでもよい

＊実務に関わる文書はこう作る＊

■例2:資料を提供してください
セミナー開催のために、資料を提供してもらう

資料ご提供のお願い

拝啓　時下ますますご隆盛のこととお慶び申し上げます。

　先日お電話でもお話ししましたように、このたび弊社では、新型浄水器「△△」の発売に合わせ、都内の水質について学ぶセミナーの開催を企画しております。企画にあたり、貴研究所で保有されております下記の資料をご提供いただきたく、お願い申し上げます。

　○月×日に改めてお電話をさせていただきます。ご多用中のところ大変恐縮ではございますが、ご検討のほどどうぞよろしくお願い申し上げます。

　　　　　　　　　　　　　　　　　　　　　　　　　　　　　　　敬具

記

1. ご提供希望資料　　「○年度 都内一級河川における水質調査」
2. 用途　　　　　　　水質勉強セミナーのための参考資料

　　　　　　　　　　　　　　　　　　　　　　　　　　　　　　以上

> 資料の用途や使い方は具体的に示す

> 一方的な理由から先方の手を煩わせるため、電話で改めて説明する気配りを

ポイント
あらかじめ電話で連絡を取ってから出す
最初に電話で趣旨や希望資料について話しておき、確認の意味で書面にしたものを送る

業務範囲外の依頼のコツ

●電話と併用する
文書を送ったきりでは失礼。到着の確認や回答のお願いなど電話でフォローを入れよう

●複数の人が見ることを考える
依頼の内容によっては、担当者の上司の許可が必要などで、先方の複数の人間が回覧する場合も。礼儀正しく分かりやすい文面になるよう心がける

■例3:原稿を書いてください
執筆の承諾を得て、後日詳細を知らせる

> 企画内容を詳しく説明。初めての相手には見本誌を送る

原稿ご執筆のお願い

拝啓　新緑の候、先生におかれましては、ますますご健勝のこととお慶び申し上げます。

先日は突然のお願いにもかかわらず、弊社発行の会員向けPR誌『△△△』へのご寄稿につきご快諾を頂戴し、誠にありがとうございました。

つきましては、下記のとおりご執筆を賜りたいと存じます。ご多忙のところ誠に恐縮ではございますが、なにとぞよろしくお願い申し上げます。

敬具

記

1. 掲載誌　『△△△』（会員向けPR誌）○月号
　　　　　リレーエッセイ「Vol.5　日本美術界の仕事人」
　　　　　＊○月×日発行予定。B5判・○ページ
2. 内容　　「日本美術のゆくえ」400字×5枚程度
　　　　　＊詳細は、後日お打ち合わせをさせていただきたいと存じます。
3. 締切日　○月△日（○曜日）
4. 謝礼　　×万円（税込）

以上

> 依頼を受けるかどうかの判断基準となる、スケジュールやギャランティの記載は必須

ポイント

電話で話したことも、改めて書面にする配慮を
最初に電話で感触を確かめてから送ること。電話で一度伝えた内容も改めて書面にまとめておく

> ああ、電話で聞いたあの件のことか

実務に関わる文書はこう作る

■例4:あの人物を紹介してください
付き合いのある相手に、知り合いの紹介を頼む依頼状

ご紹介のお願い

謹啓　時下ますますご健勝のこととお慶び申し上げます。

　さて、突然のお願いで失礼かとは存じますが、貴社と古くからお付き合いのある、株式会社○○○マーケティング部長○○氏をご紹介いただきたいと思い、お手紙を差し上げました。

　このたび弊社では、新製品○○○の販促計画の一環として、マーケティング戦略についての新入社員向け講習会を企画しております。

　つきましては、講師として○○氏をお招きしたいと考えておりますが、お口添えいただけないものかと思い、ご連絡申し上げた次第でございます。ご多忙中、身勝手なお願いで大変恐縮でございますが、なにとぞご高配のほどよろしくお願い申し上げます。

　まずは略儀ながら、書中をもってご依頼申し上げます。

敬白

ポイント

紹介依頼の目的と、第三者への依頼内容を明確に

その人物に何を期待しているかを明確に伝えると、説得力のある依頼文ができる

最初に結論を述べ、その後に理由を付ける

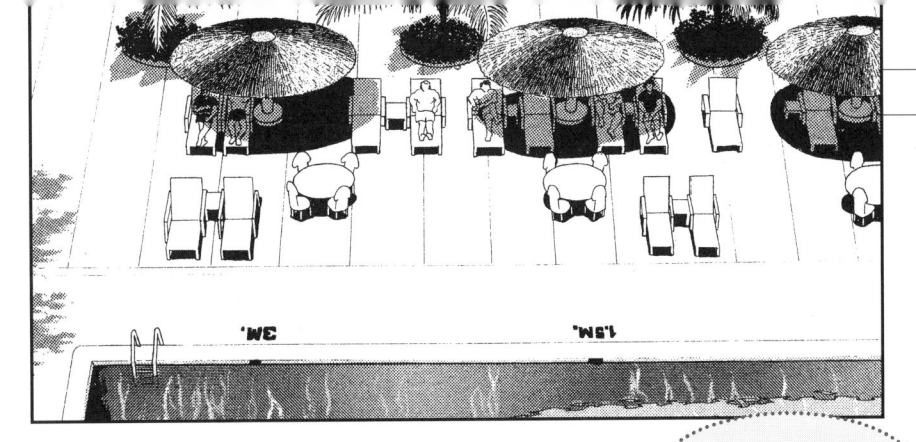

■例5：アンケートに答えてください
顧客を対象にアンケートを実施する際の送り状

> アンケート対象者の選考方法を明記して、文書の信頼性を強調

平成○年○月×日

各位

○○株式会社
企画・広報部　○○○

アンケートご協力のお願い

拝啓　時下ますますご健勝のこととお慶び申し上げます。

　平素は格別のお引き立てを賜り、ありがたく御礼申し上げます。また、このたびは弊社「○○パック」をご利用いただき、誠にありがとうございました。

　ただいま弊社では、よりお得でご利用になりやすいサービスの開発を目指しております。お客様のご要望を確実に反映させるため、「○○パック」をご利用いただきましたお客様を対象に、アンケートを実施することにいたしました。

　つきましては、同封のアンケートはがきにご記入のうえ、○月×日までにご返信いただけると幸いに存じます。

　なお、ご回答いただきました方の中から抽選で○名様に、「2人で行く豪華バリ島の旅」航空券・宿泊券をプレゼントさせていただきます。

敬具

ポイント：アンケートの目的を書き回答者の興味を引く

目的を分かりやすく書き、回答する気を起こさせる。プレゼントなど特典をつけてもよい

実務に関わる文書はこう作る

●催促する(催促状・督促状)

相手を責める表現は禁物。粘り強く交渉する

納品や支払いなど、相手がビジネス上の約束を果たしていないときに、実行を催促する文書。

先方に非があるとはいえ、初めから強い調子で切り出したのでは、相手の気分を害し、期待通りの結果が得られない。感情的にならないよう注意し、相手の出方を見て書き方を変えよう。

感情的にならず状況を伝えて注意を促す

強く責任を問う場合 責任者宛てに
交渉を重ねても状況が改善されないときは、責任者宛てにして緊迫感を伝える

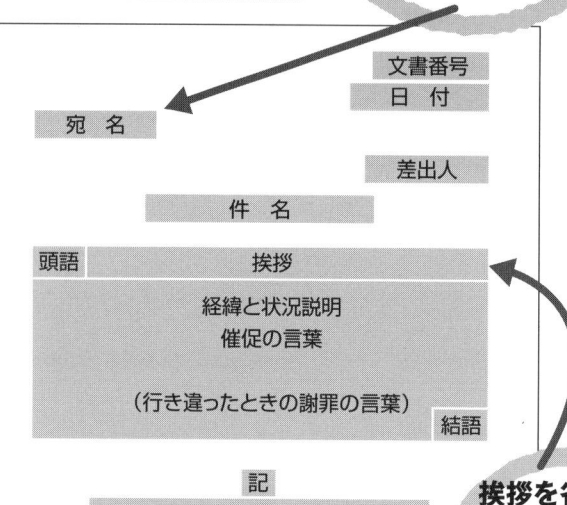

```
                        文書番号
                        日　付
  宛　名
                        差出人
              件　名
 頭語      挨拶
       経緯と状況説明
       催促の言葉
      (行き違ったときの謝罪の言葉)
                        結語
       記
     注文内容や請求金額など
```

挨拶を省くと緊張感が出る
再三にわたる督促の場合は、「前略」から挨拶抜きで主文に入り緊張感を伝える

具体的な数字は記書きか別紙にまとめる
金額や個数など細かい数字が多くなる。主文と分けて見やすく整理

トラブルに発展しそうな場合は、内容証明郵便を利用する
再三の督促も効果がなく、法的手段に訴える事態に発展することも。内容証明郵便で出すなどの対策を講じておくとよい

「催促状・督促状」の本文はこう書く

■例1:納入予定の商品が届きません
商品の未着を知らせ、配送を促す

「□□」ご納入予定について

拝啓　平素は格別のお引き立てを賜り、厚く御礼申し上げます。

　さて、○月×日付で注文いたしました商品「□□」につきまして、納入期限の○月△日を過ぎましたが、いまだに届いておりません。

　何かの手違いかと存じますが、至急ご確認のうえ、お送りくださいますようお願いいたします。

　なお、本状と行き違いにご手配いただきました場合、失礼の段ご容赦のほどお願い申し上げます。

敬具

ポイント

失念している場合も考えまずは注意を促す程度に
あくまでもミスを責める言い方をせず、事実関係をはっきり述べて、注意する程度にとどめる

文書と行き違いに、相手が手配した場合を想定する

当初の納入期限を改めて明記。注文書の控えを添えるとより確実

まだ届きません。催促状でも出しますか？

そうだな……うっかり忘れてるのかも。ちょっと注意してみよう

実務に関わる文書はこう作る

■例2：商品の代金を支払ってください
段階に応じ、調子を変えて請求する

請求書を送りますので支払いをお願いします

1度目（請求）

代金ご請求の件

　拝啓　時下ますますご清祥のこととお慶び申し上げます。平素は格別のご高配を賜り、またこのたびは、弊社製品「△△」をご注文いただきまして、誠にありがとうございます。

　ご注文の「△△」は、本日、○月△日着の○○便にて発送させていただきました。

　つきましては、請求書を同封いたしましたので、○月×日までにお支払いくださいますようお願い申し上げます。

敬具

- 日頃の愛顧と購入に対するお礼を先に述べる
- 納品を報告し、支払い期限を伝える

まだ入金が確認できませんが、どうなりましたか

2度目（督促初回）

代金お支払いのお願い

　拝啓　時下ますますご清祥のこととお慶び申し上げます。

　さて、○月△日付で納入いたしました「△△」につきまして、お約束の○月×日を過ぎておりますが、ご入金いただいておりません。

　何かの手違いかと存じますが、至急ご確認のうえ○月＊日までにお支払いくださいますようお願い申し上げます。

敬具

- 相手に対する理解を示す
- 納品を報告し、改めて支払い期限を伝える

あれから何度も請求しているのに、未払いが続いています

3度目以降（再三にわたる督促）

株式会社○○
　○○支店長　○○○○様

×××株式会社

□□□部長　＊＊＊

代金お支払いのお願い

前略　再三ご督促しております「△△」の代金につきまして、前回○月○日のご督促時に、ご担当の○○様より「○月＊日までに支払う」とのご回答を承りました。それから2週間以上経過しておりますが、いまだにお振込みいただいておりません。

　つきましては、今月末日までにご入金いただきますようお願いいたします。期日までにご入金いただけない場合、不本意ながら法的措置をとらざるを得ません。早急にご対応くださいますよう、お願い申し上げます。

敬具

ことの重大さを伝えるため責任者宛てに送る

挨拶を簡略化して緊迫感を伝える

担当者や請求日など詳しい経緯を明記する

ポイント

誠意の見せ具合で書き方を変化させる

責める調子にならないのが基本だが、事態が一向に改善されない場合は、毅然とした態度で臨むことが大切

第3章「実務に関わる社外文書」が会社の評価を決める

＊実務に関わる文書はこう作る＊

■例3:貸した商品を返却してください
撮影のために期限付きで貸した商品の返却を促す

商品ご返却のお願い

拝啓　時下ますますご清祥のこととお慶び申し上げます。毎々格別のお引き立てを賜り、心より御礼申し上げます。

　さて、○月×日付でお貸しいたしました○○○につきまして、お約束の○月△日を過ぎましたが、ご返却いただいておりません。

　ご担当の△△様とのお約束では、「撮影が済み次第、○月×日までに返却する」とのことでしたが、何かご事情あってのことでしょうか。

　お貸ししている商品は、来週までにお客様に納入することになっておりますので、至急ご手配くださいますようお願い申し上げます。

　　　　　　　　　　　　　　　　　　　　　敬具

貸し出した日付から商品名、返却日まで、具体的に挙げて状況説明する

状況を書き、困っていることを伝える

ポイント
誰と、どのような約束をやり取りしたか明確に書く
水掛け論になることを防ぐため、担当者の名前や発言を控えておき書中でその旨を書く

■例4：返事をください

なかなか返事が得られない場合に催促する

> 返事を得ようと努力していることをアピール

ご回答のお願い

　拝啓　時下ますますご清祥のこととお喜び申し上げます。

　先般、○月×日付にて提出いたしましたお見積もりにつきまして、度々お電話を差し上げておりますが、ご担当の○○様が休暇中のため確認が取れないとのことで、ご返事をいただいておりません。

　今週末までにお返事をいただかなくては、納入日に間に合わせることができない状況でございます。

　ご多用中誠に恐縮ではございますが、至急○○様にご連絡を取っていただき、ご返事を賜りますようお願い申し上げます。

　取り急ぎ、ご回答のお願いまで。

敬具

> 緊急であることを伝えて、回答を促す

ポイント

これまで手を尽くしたことと、困惑していることを伝える

善処が得られない場合は、これまでの経緯と期限が迫っている旨を書きプレッシャーを与える

（吹き出し）こっちは毎日電話で催促してるんですよ！

（吹き出し）えーっ！休暇中って本当ですか？

緊急時は、まず電話でやり取りした後、確認の意味で書面に

＊実務に関わる文書はこう作る＊

● 交渉する（交渉状）

論理的に主張を展開しつつ、相手の言い分にも耳を傾ける

値上げや取引条件など、相手との間で折り合いを付けたい事柄について、交渉するために作成する文書。お願いごとをするつもりで、丁寧な文面にする。

また、相手に納得してもらうために、交渉にいたった経緯や、こちらの主張の論拠をはっきりと説明しなければならない。

丁寧な言い回しでこちらの主張を切り出す

具体的なデータを示すと説得力が出る
事例や具体的な数字を資料として引用すると、主張に説得力が出る

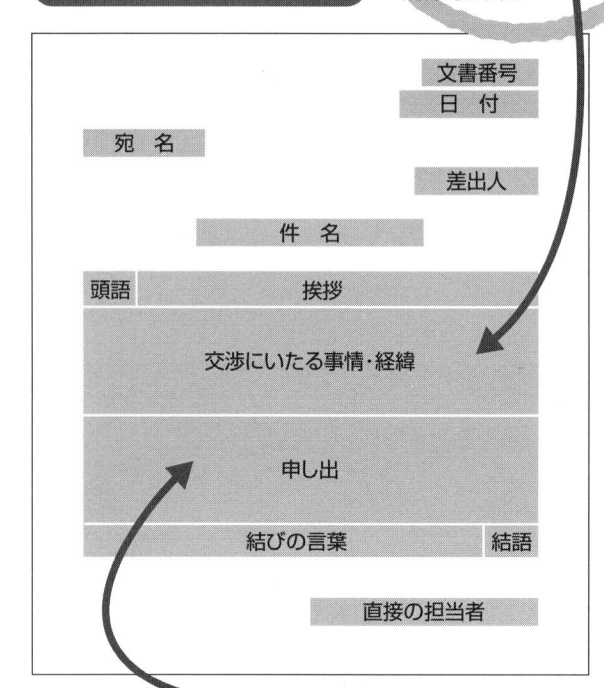

```
                            文書番号
                            日　付
   宛　名
                            差出人
            件　名
 頭語      挨拶
         交渉にいたる事情・経緯

         申し出

          結びの言葉              結語
            直接の担当者
```

言い出し方ひとつで相手に与える印象が決まる
こちらの主張や申し出を押し付ける形にならないよう、慣用句を使って丁寧にお願いする

申し出をスムーズに言い出すための慣用句
・はなはだ勝手ながら
・はなはだお手数ではございますが
・誠に申し上げかねますが

「交渉状」の本文はこう書く

■例1:製作費を下げていただけませんか
商品の値下げのため、製作費のコストダウンをお願いする

××機「○○○」コストダウン計画について

拝啓　時下ますますご清栄のこととお慶び申し上げます。平素は格別のお引き立てにあずかり、誠にありがとうございます。

さて、貴社より納入していただいております××機「○○○」ですが、発売より○年、その機能性に定評はあるものの、高価格のため予想以上に売り上げが伸び悩んでいる状況でございます。そこで来期から、現状より20%の値下げ価格にて販売することを考えており、そのためにコストダウン計画を実施することとなりました。

「○○○」の生産にかかるコストの内訳を見てみますと、従来の型に比べ部品□□にかかる費用が60%上がっていることがわかりました。

つきましては、部品□□に使用する素材を見直すことにより、原価を下げていただけるようご尽力をお願い申し上げます。当方といたしましても、流通経費を見直すことにより、できる限りのコストダウンを図る所存でございます。

なにとぞご理解を賜りますようお願い申し上げます。

敬具

（吹き出し）具体的な数値を出して現状を説明する

（吹き出し）相手の協力を仰ぐ姿勢で書く

ポイント
先方に無理をさせるだけでなく自社も努力する旨を伝え、協力体制をとる
一方的に相手に負担をかける言い方ではなく、共に頑張る姿勢を表した言い回しを心がける

＊実務に関わる文書はこう作る＊

■例2:当初の納期で何とかお願いします
納期変更の申し出に対し、当初の期限で納品をお願いする

納期変更についてのお願い

拝復　時下いよいよご清栄のこととお慶び申し上げます。平素は格別のお引き立てを賜り、誠にありがとうございます。

　さて、〇月×日付で発注いたしました△△につきまして、貴社工場の生産ラインの事故により、〇月△日までの納入が困難とのこと、貴信により承りました。

　ご事情を拝察いたしますが、当社では、当初の納入予定日に合わせ、すでにお客様のご注文の受け付けを開始している状態でございます。

　貴信によりますと、来月上旬までにご納品いただけるとのことでしたが、注文の〇個の半数でもかまいませんので、何とか今月中にご納入いただけないものかと考えておりますが、いかがでしょうか。

　なにとぞご検討を賜りますよう、お願い申し上げます。

敬具

- 相手側の事情を察して理解を示す
- **ポイント**　無理を通したいときは、反発をかわないよう慎重に
  相手にとって難しいことを依頼する場合、双方の事情をよく考えて慎重に交渉する
- 要望を書く前にこちらの状況も説明しておく

> 葡萄の不作で市場に出回るワインの価格が急騰してるんです

■例3：もっと高い値で買ってください
原価が上がった商品について、仕入れ価格の値上げを交渉する

仕入れ価格ご検討のお願い

拝啓　貴社ますますご隆盛のこととお慶び申し上げます。平素はひとかたならぬご高配を賜り、ありがたく御礼申し上げます。

　さて早速ではございますが、貴社に納入いたしております○○産ワイン「××」につき、仕入れ価格の5％値上げをご検討いただきたくお願い申し上げます。

　昨年の葡萄の不作により、現状価格を維持することが大変困難な状況でございます。

　<u>はなはだ勝手なお願いではございますが、事情にご理解を賜り、ご検討くださいますようお願い申し上げます。</u>

敬具

お願いの慣用句で締めくくる

ポイント　切迫した状況を説明し、相手の理解を仰ぐ
協力を得るために、やむを得ず要求せざるを得なかったという姿勢をアピールする

実務に関わる文書はこう作る

●断る（断り状）

相手の感情を害さないよう言葉を選んで慎重に書く

先方の依頼や要求に応えられない場合は、断り状を作成する。相手の期待に背くことになるので、感情を害して関係が悪化することのないよう、細心の注意を払わなければならない。

慎重に言葉を選んで謝罪し、相手に納得してもらえるよう断る理由をきちんと説明しよう。

相手の期待に応えられないことを丁寧に詫びる

申し入れや注文に対する感謝を表す
いきなり断るのではなく、申し入れや注文に対して感謝の気持ちをまず書く

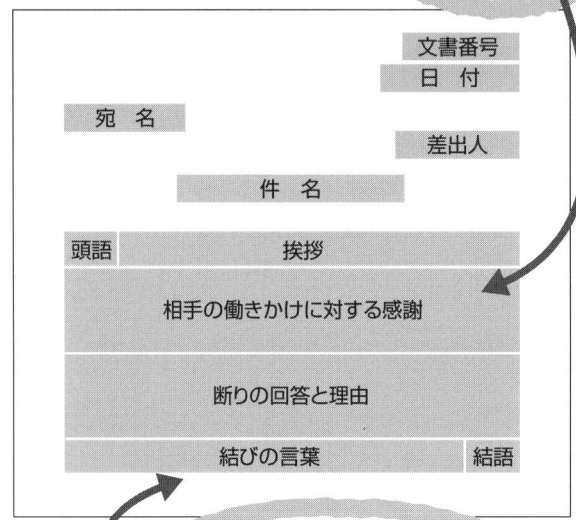

```
                          文書番号
                          日　付
  宛　名
                          差出人
            件　名
  頭語        挨拶
       相手の働きかけに対する感謝
            断りの回答と理由
         結びの言葉           結語
```

希望に沿えなかったことを謝る一文で締めくくる
「ご希望に沿えず申し訳ありませんが」など謝罪の言い回しで結ぶ

上手に断るための3つのマナー

●**できる限り早く回答する**
申し出から間があくと、相手の期待も大きくなり、断りづらくなる

●**断る理由にマイナス要素を挙げない**
理由として先方の欠点や、自社の力量不足などを挙げることは避ける

●**ファックスは避ける**
期待に沿えないことを書くマイナスイメージの強い文書。担当者以外の人も目にするファックスは避ける

「断り状」の本文はこう書く

■例1：その注文は受けられません
先方が提示した期限で納品できないため、受注辞退を申し出る

「△△△」ご注文の件

拝復　平素は格別のお引き立てを賜り、心より御礼申し上げます。

　さて、このたびは弊社新製品「△△△」をご注文いただきまして、誠にありがとうございました。

　しかしながら、「△△△」は、より繊細な仕上がりを目指すために、ご注文いただきましてから手作業にて商品を仕上げるという半受注生産となっておりますため、ご希望の○月×日までにお納めすることは大変難しいかと思われます。

　つきましては、誠に恐縮ではございますが、今回のご注文は辞退させていただきたく存じます。

　ご期待に沿えず申し訳ございませんが、なにとぞご了承くださいますようお願い申し上げます。

敬具

本来ありがたく受けるべき申し出を断るため、感謝とお詫びの気持ちを忘れずに

ポイント
理由を丁寧に説明し、こちらの事情に対して理解を求める
まず受注に対するお礼を述べたうえで、相手の納得がいくように辞退の理由を正直に説明し、理解を求める

言いにくい理由は、「諸事情により」で代用
先方の信用状態に問題があるなど、明言しにくい理由により断る場合は、「諸事情により」とする

＊実務に関わる文書はこう作る＊

■例2:新規取引に応じられません
該当商品が生産中止になることを伝える

新規取引の件

　拝復　時下ますますご清祥のこととお慶び申し上げます。

　このたびは、新規取引のお申し出をいただき、誠にありがとうございます。

　社内で検討いたしました結果、残念ながら今回はお取引を見合わせていただくこととなりました。

　当社では今、海外生産ルートの見直しを進めており、お申し出のあった商品につきましては今後の取り扱いの見通しが立っておらず、お取引したいのはやまやまですが、大変難しい状況でございます。

　ご期待に沿えず誠に申し訳ございません。またの機会にお役に立てるようなことがございましたら、ぜひご協力させていただきたいと存じます。

　まずは略儀ながら書面をもちましてお返事申し上げます。

敬具

（社内会議を開き前向きに検討したことを伝える）

ポイント

今後はできるかぎり応じたいという誠意を見せる

今回は無理でもまたの機会に応じたいという場合は、その旨について書いておく

100

■例3:返品に対応できません

返品の申し出に、期間外のため返品できないことを伝える

「□□」返品ご依頼の件

拝復　日頃は格別のお引き立てを賜り誠にありがとうございます。

　さて、先般ご購入いただきました「□□」につきまして、返品ご希望のお手紙を本日拝受いたしました。

　しかしながら、○月×日のご購入日からすでに返品期間の○週間を過ぎており、ご希望に沿うことができかねます。

　大変申し訳ございませんが、ご了承くださいますようお願い申し上げます。

敬具

相手が購入した日付を記入しておく

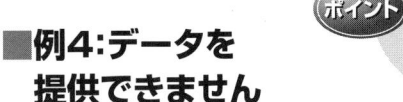

ポイント　規則により断る場合も誠意のない言い方は避ける
「決まりなので」と突き放さず、「期待に応えたいのはやまやまだが」という気持ちを込めて書く

■例4:データを提供できません

規則によりデータ提供不可を伝える断り状

資料提供ご依頼の件

拝復　時下ますますご清祥のこととお慶び申し上げます。

　このたび、弊社で保管しております「販売店別売り上げデータ」を市場調査のためにお使いになりたいとの旨、○月×日付のファクシミリを拝受いたしました。しかしながら、このデータには顧客様の情報も含まれており、社外にご提供することはできかねます。ご希望に沿えず申し訳ございませんが、ご了承のほどお願いいたします。

敬具

相手の申し出を受け取ったことと、断りの理由をきちんと書く

＊実務に関わる文書はこう作る＊

●承諾する（承諾状）

要求にどこまで応じられるか、承諾する範囲をはっきり示す

相手の依頼や申し入れについて、承知する旨を伝える文書。

ただ、一口に承知すると言っても、相手の要求をすべて呑むことはできないという場合も。その場合、どこまで受諾できるかを示すため、応じられる範囲を記書きにまとめるなどしてはっきり提示しなければならない。

回答を伝えて承諾範囲や条件を提示する

快諾の場合は挨拶状のつもりで
これから付き合いが始まる挨拶を兼ねるため、丁寧に前文を作る

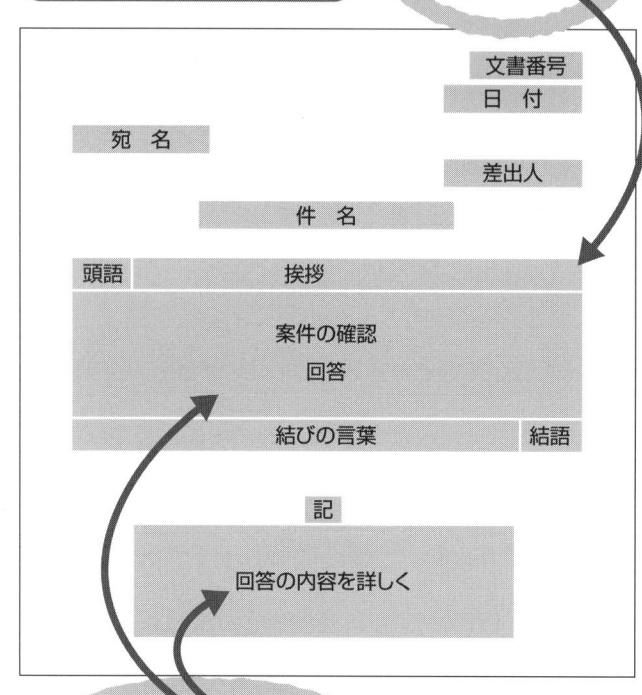

```
                              文書番号
                              日　付
   宛　名
                              差出人
              件　名
  頭語      挨拶
         案件の確認
         回答
              結びの言葉          結語
          記
         回答の内容を詳しく
```

詳しい承諾の内容は記書きや別紙で整理する
先方の申し出を正しく把握しているかどうか、整理して確認する

承諾に条件があればはっきり示しておく
申し出に関して一部しか承諾できなかったり、承諾に条件がある場合はそのことを書き、再検討してもらう

「承諾状」の本文はこう書く

■例1：新規取引の申し出をお受けします
取引の申し出に対して承諾する

> 詳細を詰める方法を、具体的に提案する

新規取引のお申し出について（回答）

拝復　時下ますますご清祥のこととお慶び申し上げます。

　さて、○月×日付にて、お取引のお申し込みをいただき、誠にありがとうございました。謹んでお受けしたく存じます。

　弊社といたしましても、海外における販促ルート拡大を計画しておりますこの時期、主にアジア地域に広いネットワークをお持ちの貴社とのお取引は願ってもないお話でございます。

　つきましては、具体的なお取引条件につきましてご相談させていただきたく、近日中にお伺いいたしますので、どうぞよろしくお願い申し上げます。

　まずは、ご回答とご挨拶まで。

　　　　　　　　　　　　　　　　　　　　　　　　　　敬具

> 結論をはっきりと書く

ポイント
快諾の喜びを伝え、積極的な姿勢をアピール
快諾する場合、喜びをストレートに表現し、取引に対して意欲的であることを示す

＊実務に関わる文書はこう作る＊

■例2:取引条件の変更について了解しました
提示された内容について承諾し、こちらからも提案をする

お取引条件変更について

拝復　時下ますますご清祥のこととお慶び申し上げます。

平素は格別のご高配を賜り、誠にありがとうございます。

　さて、先般お申し出のお取引条件変更の件につきまして、社内で検討させていただきました結果、大筋としてお受けいたしたく存じます。

　ただ、納品方法に関しましては、これまでどおり各事業所への直接配送をお願いしたいと考えております。この点のみ、ご了承いただけますと幸いに存じます。

　変更点を明記しましたお取引条件を別紙にて添付いたしますので、ご確認くださいますようお願い申し上げます。

敬具

申し出の大部分は承諾する旨を先に伝える

承諾にあたって条件を提案

変更点をまとめた新しい取引条件を添付し、再検討をお願いする

ポイント

双方の条件を整理し、最終案を提示する

承諾に条件を付け始めると、内容が複雑に。双方の意見を整理した最終案を添付する

■例3:安く売ってもいいですよ

代金値下げの申し入れに、今回限りをアピールしつつ承諾

> 「今回だけ応じる」という点を強調しておく

　拝復　平素は格別のお引き立てを賜り、心より御礼申し上げます。

　さて、○月×日付の「○○」代金値下げのお申し入れにつきまして、ご返事させていただきます。

　弊社といたしましては、「○○」は季節ものでございますので、この時期の値引きが厳しいものであることは確かでございます。しかしながら、長年お付き合いさせていただいている貴社のお申し入れですので、今回に限りご奉仕させていただきたく存じます。

　つきましては、商品とともに○％値引きの請求書をお送りさせていただきますので、ご確認ください。今後とも変わらぬご愛顧のほどお願い申し上げます。

敬具

> 請求書にも値引き金額を記載し、確認してもらう

ポイント

一度だけ応じる場合は理由を書いて念押しを

値下げを許した理由が、信頼関係に基づいていることをアピールし、今回限りと念を押す

長い付き合いじゃないですか。お願いしますよ。

仕方ないな……わかりました。でも今回だけですよ？

実務に関わる文書はこう作る

● 撤回する（撤回状）

相手を納得させるためには筋の通った理由が必要

前言を撤回するときに書く。申し込みを撤回するということは、一度話がまとまりかけたことについて相手の期待を裏切ることになるので、信頼関係を傷つけないためにも、慎重な交渉が望まれる。丁寧にお詫びの言葉を述べ、きちんと理由や事情を説明しよう。

正直な理由をはっきり書き丁重に詫びる

結論を述べてから理由を明記する
撤回の意思を書いた後に、正直な理由を説明し、理解を求める

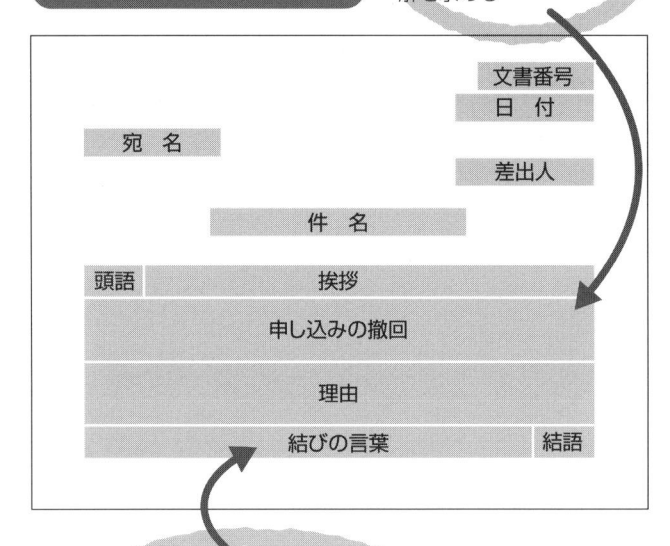

```
                              文書番号
                              日　付
  　宛　名
                              差出人
              件　名
 頭語         挨拶
           申し込みの撤回
              理由
           結びの言葉           結語
```

丁重に承諾を求める
申し出た撤回について、相手の了解を求める。承諾をお願いする丁寧な言い回しで締めくくる

相手の都合で撤回する場合…
「誠に残念ながら、先の注文は取り消しに……」
＋
「どうぞあしからずご了承のほどお願い申し上げます」

こちらの都合で撤回する場合…
「ご迷惑をおかけして申し訳ございませんが」
＋
「事情をご賢察のうえ、ご了承のほどお願い申し上げます」

106

「撤回状」の本文はこう書く

■例1:申し込みをキャンセルします
こちらの事情で、申し込みをキャンセルする

○○ホール予約キャンセルのお願い

拝啓　時下ますますご隆盛のこととお慶び申し上げます。平素は格別のお引き立てを賜り、誠にありがとうございます。

さて、○月×日付で申し込みました貴社○○ホールをお借りしてのコンサート実施につきまして、まことに恐縮ながら、申し込みをキャンセルさせていただきたくお願い申し上げます。

実は、当初予定しておりましたコンサートですが、アーティストのツアー中の怪我のため、断念せざるを得なくなりました。

ご迷惑をおかけして大変申し訳ございません。なにとぞ事情をご賢察のうえご承諾のほどお願い申し上げます。

敬具

取り消しの理由を明記する

丁重に謝罪する

ポイント
先方に迷惑をかけることを詫びて、理解を求める
先方の期待を裏切り、損害をもたらすことを考え、正直な理由を述べ丁重に詫びる

申し訳ありませんでした

■例2：発注をとりやめます
在庫不足という知らせを聞き、注文を撤回する

「△△」注文の件

拝復　貴社ますますご清栄のこととお慶び申し上げます。

早速ですが、○月×日付にて注文いたしました「△△」○個につきまして、在庫僅少のため当社希望の数量がかなわないとの貴信、拝受いたしました。

その際、□個ならご用意が可能とのことでご提案いただきましたが、お得意様をお招きしてのパーティーにて一斉に「△△」を配布する予定でおりましたので、数量が足りない場合、勝手ながら別の商品で検討せざるを得ません。

つきましては、誠に恐縮ではございますが、先の注文をとりやめにしていただきたく存じます。あしからずご了承のほどお願い申し上げます。

まずは、注文とりやめのお願いまで。

敬具

> 相手の申し出を受け取ったことを報告する

> 撤回の事情を説明する

ポイント
先方の提案に対してきちんと断りの理由を書く
「○個なら……」との提案に対し、撤回せざるを得ない理由を書いて理解を求める

電話で一報を入れ、追って文書を送る

受注生産などの場合、先方がすでに手配済みで、キャンセルに応じられなくなる場合も。まず電話で一報を入れ、後に改めて撤回のお願いと謝罪の文書を送る

■例3：追加注文を撤回します
製品に欠陥があったので、追加の注文を撤回する

「□□□」追加注文の件

拝啓　時下ますますご清栄のこととお慶び申し上げます。
　さて、○月×日付でご納入いただきました「□□□」につきまして、○月△日納入予定でお願いしておりました同製品の追加注文を取り消しにしていただきたくお願い申し上げます。
　実は、先般「□□□」をご購入いただいたお客様より、機能に不具合があるとのご指摘を受けました。急ぎ確認いたしましたところ、○○部分が機能しておらず、同日付でご納入いただきましたすべての貴社製品で同じ故障が発生することがわかりました。
　つきましては、故障の原因を至急お調べいただくとともに、追加注文の撤回をご承諾くださいますようお願い申し上げます。

敬具

> 注文のキャンセルを申し出る

> 相手の非を指摘して善処を求める

ポイント

相手の非が原因となる場合も冷静に理由を述べる
全面的に相手のミスによる場合も、感情的にならず冷静に理由を書いて、撤回を申し出る

> 欠陥内容を具体的に書こう

実務に関わる文書はこう作る

●注文する（注文状）

何を、どれだけ注文するか、数量や金額を見やすく整理

商品を購入するときに書くのが注文状。希望の仕様や数量を特定し、相手に伝えるものだ。

また、通常の注文と同様、相手に商品を見繕ってもらう「見計らい注文」や、値段を交渉する「指値注文」の場合も、色や値段などの要望があれば、正確に記しておくことが大切だ。

発注内容の詳細は、漏れなく記書きで整理

「お願いします」と丁寧な言い回しで
「○○について下記の通り……」と注文通知のみにとどめ、内容は記書きに整理

```
                          文書番号
                          日　付
   宛　名
                          差出人
              件　名
 頭語       挨拶
            発注の通知
            結びの言葉         結語
              記
   商品、納期、納品方法など
```

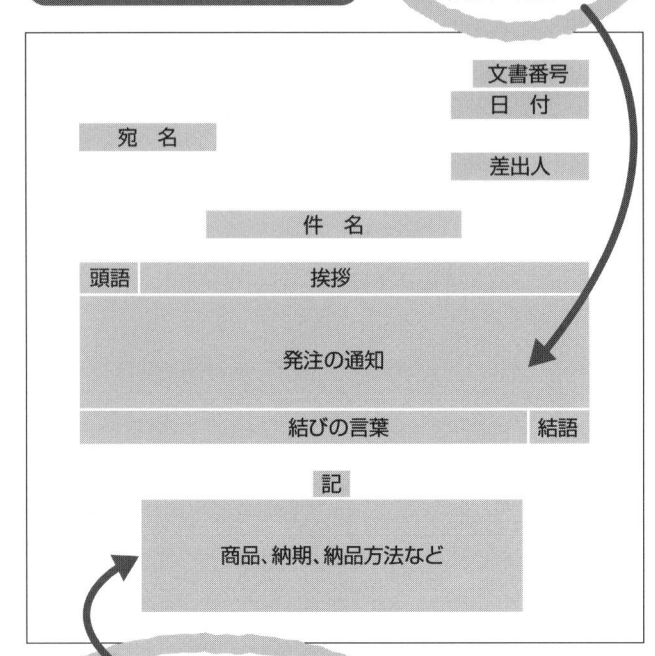

商品名から支払い方法まで見やすくまとめる
発注する内容と、配達に必要な事項を漏れなく記入しておく

注文の文書に必要な項目チェックリスト

- □ 商品名
- □ 数量
- □ 仕様・型・色など
- □ 納入方法
- □ 単価
- □ 納品先
- □ 代金（注文品すべての合計金額）
- □ 納期
- □ 支払い方法

110

「注文状」の本文はこう書く

■例:商品を注文します
カタログに掲載されている商品を注文する

> 商品番号・個数など数字の間違いに要注意

△△注文の件

拝啓　時下ますますご清栄のこととお慶び申し上げます。

　さて、△△につきまして下記の通り注文いたしますので、ご高配のほどお願い申し上げます。

　まずは取り急ぎ注文まで。

敬具

記

1. 品名・数量・単価　商品番号000-000「△△」（レッド）　○個　○○円
2. 総額　○○○○円
3. 納期　○月×日必着
4. 納品先　当社○○事業所
5. 支払い方法　銀行振込（月末締め・翌月20日振込み）
6. 送料　貴社ご負担

以上

> **ポイント**
> 発注希望の商品は、番号だけでなく商品名まで明記
> カタログから注文する場合、商品番号だけでなく、商品名まで記入しておくと、より確実

> こちらの要望を具体的に添える

> 相手のメリットを提示したうえで、値段を交渉

見計らい注文の場合

　早速ですが、○○を注文いたします。仕様・数量は別紙の通り、色につきましては貴社にてお見計らいのうえ、ご送付いただきますようお願いいたします。

　なお、単価○○円以内におさえたく、あわせてご配慮のほどお願い申し上げます。

指値注文の場合

　さて、○○につきまして別紙の通り注文いたします。今回は大量注文を考えておりますので、価格につきましてはなにとぞご高配を賜りますようお願い申し上げます。

　この条件でご納入いただけない場合、ご一報くださいますようお願いいたします。

実務に関わる文書はこう作る

●申し込む(申込状)

申し込む理由を丁寧に書き、積極的な姿勢を示す

こちらの希望をかなえるために、相手に対して働きかける文書。例文の他に、見積もりやセミナーへの参加を申し入れるケースがある。どの場合も、相手の承諾を得るために、申し込みの理由をはっきりと説明して、熱意をアピールすることが大切だ。

申し込みへの積極的な姿勢をアピールする

代表者名か、それに準じる役職者名で
全社的なことなので、代表者名もしくは、それに準じる役職者の名前に

```
                              文書番号
                              日　付
   宛　名
                              差出人

              件　名

頭語         挨拶

     自社紹介・申し込みの理由
           申し込み

              結びの言葉           結語

         記

     同封資料の内容
```

理由や経緯を説明し、申し込みへの熱意を表す
申し込むにいたった理由を具体的に説明すると、説得力が出る

新規の相手には、自社紹介の資料を添付
自社について理解してもらうため、会社案内やパンフレットなどを判断材料として同封

「申込状」の本文はこう書く

■例：取引を申し込む
共通の知人から紹介された相手に、新規取引を申し入れる

> 紹介者がいる場合は、明記する

取引開始のお願い

　謹啓　陽春の候、貴社におかれましてはますますご隆盛のこととお慶び申し上げます。

　さて、まことに唐突とは存じますが、貴社とお取引をさせていただきたく本状を差し上げる次第でございます。

　弊社は○年以来、○○業界で活躍するソフトの販売に力を注いで参りました。このたび、株式会社○○　営業部△△様より、貴社で開発されましたソフト「＊＊」についてのお話を伺い、その技術の高さに感銘を受けました。是非、弊社でも「＊＊」を扱わせていただきたく、ご検討をお願い申し上げる次第でございます。

　なお、弊社の営業案内書と経歴書を同封いたしますので、ご高覧のうえ、ご検討いただければ幸いに存じます。

　まずは書中をもちまして、取引開始のお願いまで。

敬具

> **ポイント**
> 相手の信頼を得るために紹介者名を忘れず添える
> 誰の紹介で先方のことを知ったか、申し込みにいたる経緯を詳しく説明する

わかりやすく自社を紹介するために…

●会社のイメージを、社是で表現する
「○○○を社是とし……」の一文を入れ、社のイメージを強調する

●事業内容や、会社の規模を紹介する印刷物を付ける
会社案内のほか、主力商品のパンフレットなどを添付する

●信用状況の確認先を明記する
先方が信用状況を確認する場合のために、取引のある金融機関などを明記する

実務に関わる文書はこう作る

● 苦情を言う・抗議する（苦情状・抗議状）

感情に流されずに、論理的に非を指摘する

ビジネス上のトラブルで相手に非がある場合、責任を問い原因を解明するために、苦情状や抗議状を作成することもある。

どうしても相手を責める文面になりがちだが、本来の目的は善処を求めること。感情的にならず冷静に主張を展開し、相手を納得させることが重要だ。

感情的に攻撃するのではなく、事実を冷静に指摘

それなりの肩書きの人物を差出人にする
会社としての対応を問うため、それなりの役職者の名前で発信する

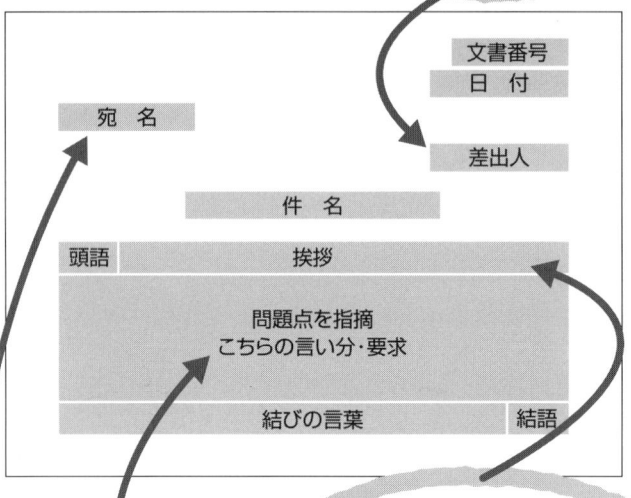

```
                          文書番号
                          日　付
  宛　名
                          差出人
              件　名
  頭語      挨拶
        問題点を指摘
        こちらの言い分・要求

        結びの言葉            結語
```

挨拶を簡略化すると緊急事態をアピールできる
相手に緊迫した状況を意識させたいときは、頭語を「前略」とし挨拶を省く

細かい非難は避け、事実を中心に組み立てる
個人名や細かい言動を挙げて攻撃せず、事実関係を冷静に指摘する

差出人と同様 肩書きのある人宛てに
ことの重大さを強調するため、差出人同様それなりの肩書きのある人宛てに

「苦情状・抗議状」の本文はこう書く

■例:着荷品に欠陥がありました
着荷品の欠陥を知らせ、今後の善処を求める

> 誠意ある対応が得られなかったことを訴える

前略　○月×日付でご注文いたしました△△につきまして、先般着荷いたしました折、○○部分に欠陥が見られました。電話で問い合わせいたしましたところ、新しい商品をすぐにご送付いただけるとのこと、お待ち申し上げておりますが、いまだ届いておりません。

　至急ご確認のうえ、お送りくださいますよう、また今後はこのようなことのないようお願い申し上げる次第です。

　取り急ぎ用件のみにて失礼いたします。

敬具

> 今後の注意を促す

ポイント
毅然とした態度で相手の問題点を指摘する
打診後も善処がない場合は、強い態度で。頭語と挨拶を省き、事実をはっきりと指摘する

「見てみい！すぐフレームが外れてしまう。不良品や！」

実務に関わる文書はこう作る

●反論する（反駁状）
抗議された内容についてのみ冷静に言い分を述べる

相手の批判や苦情に対し、不当なものとして反論するために書く文書。

苦情状と同様、感情が先行してしまいがちだが、文書の目的は、こちらに非がないことを相手に理解してもらうことだ。相手の主張を不当なものとする証拠を提示し、冷静に反論を展開したい。

事実を確認しこちらの見解を明示する

冷静に受け止める
「誠に当惑しております」として、冷静に受け止める姿勢を見せる

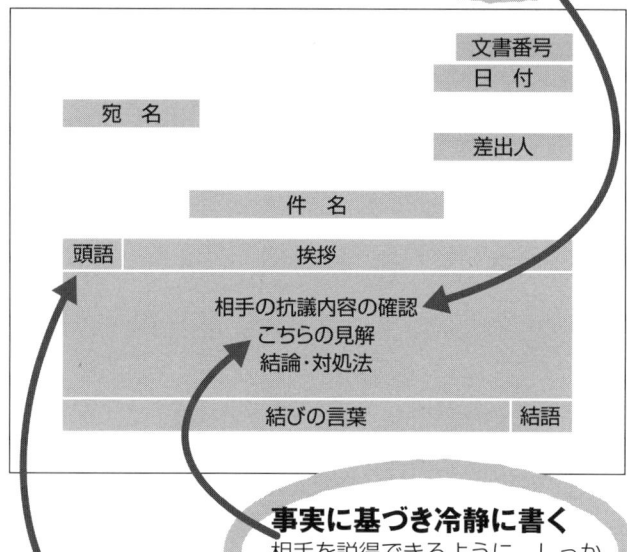

```
                        文書番号
                        日　付
   宛　名
                        差出人
            件　名
  頭語      挨拶
       相手の抗議内容の確認
       こちらの見解
       結論・対処法
            結びの言葉          結語
```

事実に基づき冷静に書く
相手を説得できるように、しっかりと筋道を立てて反論する

「前略」か「拝復」で本題に入る
緊迫した感じを与えたいときは、前文の挨拶を省略することもある

証拠を添付し正当性を主張
納入品の間違いや入金額の不足などで明らかに先方が思い違いをしているときは、注文書や領収書の控えを、証拠として添付してもよい

「反駁状」の本文はこう書く

■例：抗議に対し反論します
キャラクター類似の抗議に異議を唱える

> 前略　○月△日付の貴信によりますと、先般発表いたしました弊社イメージキャラクター「○○」が、貴社のキャンペーンキャラクター「◎◎」と酷似しているとのこと、誠に当惑しております。
>
> 　弊社の「○○」は、弊社イメージをテーマにした一般公募作品をもとに、検討し手を加えたもので、「◎◎」を意識したものではありません。確かに「猫」という設定は同じですが、モデルとなっている猫種も、テーマカラーも違います。弊社といたしましてはご指摘には承服いたしかねます。
>
> 　まずは取り急ぎご回答まで。
>
> 　　　　　　　　　　　　　　　　　　　　　　　　　　　　　　　草々

こちらの言い分をはっきり述べる

ポイント　承服できない旨を断固とした調子で主張する
キャラクター決定の背景などを付け加え、はっきりとこちらの見解を述べる

真似してるなんて心外だわ！第一そっちは白猫じゃないの

社内業務の基礎となる「報告」「連絡」「相談」。
文書を使って素早く正確におこなうことで、
業務も、職場の人間関係も、
より円滑に進めることができる

第4章

「社内文書」が書けると仕事も人間関係も成功する

＊社内文書作成のルール＊

● 基本フォーマットと必須項目

敬体は必要だが、かしこまった表現は不要

（吹き出し）簡潔すぎて礼儀がなっとらん！

社内文書の難しいところは、簡潔に、かつ丁寧さを忘れずに書くところだ

上司への報告や部署間の連絡事項など、社内の業務を円滑に進めるための文書を、社内文書という。社内の人間に宛てるので、社外文書に比べより簡潔に事務的に書く。敬語も最小限にとどめる。言葉遣いは丁寧なほうがよいが、改まった言葉や慣用表現は必要ない。

頭語や前文を入れず、すぐ本題へ入る
社内の人間に宛てるものなので、頭語や挨拶は不要。1行目から本題に入る

書き出し：「さて」などの転語も不要。そのまま本題に入るか、件名で示した内容を受けて「標記につき……」と切り出す

終わり方：「取り急ぎ～まで」などの末文は省き用件のみで終える

丁寧な表現は敬体で作る

丁寧な文面にしたいときは慣用表現は用いず、「ご都合もおありかと思いますが」など敬体を使って表現する

挨拶から末文まで儀礼的な要素を取り除く

宛名に揃えて作成する
原則として職名のみを記入する。宛名に氏名まで付ける場合、発信者も氏名を入れ統一する

基本は職名のみ
発信者同様、職名のみを記入するが、氏名を書き入れる場合もある。敬称は「様」が一般的

内容が分かるよう具体的に
一見して内容を推測できるように作ることが大切。「○○について」などと具体的に付ける

直接担当者と問い合わせ先を明記
日程調整など回答が必要な場合、直接の連絡先（内線番号、Eメールアドレスなど）を入れる

（書式項目）
- 宛名
- 文書番号
- 日付
- 差出人
- 件名
- 本文
- 記
- 担当者（内線:000-000）

各種届けや議事記録用紙など、会社独自のフォーマットがあるが、書き方のコツは同じ。
記入漏れに気をつけて、「簡潔」「論理的」を心がけよう

＊社内文書はこう作る＊

●アイデアや意見を提案する（提案書・稟議書・伺い書）

理由とメリットをまとめて読み手を説得する

自分の考えや意見を提案するとき、その内容により文書の形式は異なる。たとえば、上司の決裁が必要な事柄を提案する場合、会社で決められた決裁欄付きのフォーマットを利用する。

いずれにせよこの種の文書は、読み手を頷かせる説得力を持っていることが大切。記書きや添付データを活用し、提案する事柄の有用性を最大限にアピールしたい。

提案する内容により書き分ける

社業全般に関わるアイデアを提案する

＜取り上げられる案件＞
- 作業環境の改善点、商品の改良点
- 待遇など厚生面の見直しについて
- 新規事業部の設立について

など

提案書

空気清浄機の設置など、業務内容以外の日常的な事柄に関する要望も提案でき、扱える案件の幅は広い。社内文書の書式にのっとりつつ、提案の有効性をアピールする工夫を

箇条書きを利用。場合によってはチャートやグラフを盛り込む

上司の決裁が必要な事柄を提案する

＜取り上げられる案件＞
- 人事や予算に関わる事柄
- 財務に関わる事柄
- 新規の契約や取引に関する事柄

など

稟議書
（複数の上司の決裁が必要）

伺い書
（直属の上司の決裁のみ必要）

自分の裁量では判断できない、上司の許可が必要な事柄を提案するときに提出する。会議を経ずに決裁を仰ぐためのものなので、一見して内容がつかめるよう見やすくまとめる

フォーマットがある場合がほとんど。記入漏れに注意

122

「提案状」の本文はこう書く

■例1：新製品を企画しました
アンケートの分析結果から新製品を提案する

新型「○○○」企画

　表題の件につきまして企画書を作成しましたので、提出いたします。

記

1. 企画意図　従来のタイプに関してのユーザーアンケートを見ると、約○％以上の顧客が、手触りがよく汚れに強いコーティングが施されている、という点を重視して商品を選択しています。そこで、コーティングの重要性に改めて着目し、さらに高い品質を使用した新しいタイプの商品を、新型として企画いたしました。

2. 製品案　　①形態　携帯に便利な、ポケットに収まるサイズ。
　　　　　　②素材　低コストで滑らかな手触りを実現する○○を使用。

3. 製品化計画　○月×日に□□工場で試作品を作製。

4. 予算　○○万円

5. 添付資料　○年度旧型「○○○」ユーザーアンケート
　　　　　　○○市場の販売実績（昨年度）

以上

ポイント

説得力を出すために裏付けデータを添える
企画の有用性を裏付ける信憑性の高いデータを用意し、文書に添えて提出すると説得力が出る

形態、素材のメリットを一言付けることで説得力が増す

社内文書はこう作る

■例2:業務をスムーズにするアイデアを提案します
担当販路の見直しにつき、必要性を述べて提案する

提案書
営業活動合理化について

　営業部の担当販路を見直すことで営業活動の合理化を目指したく、以下のように提案いたします。

記

1. 提案内容
● 営業部の担当販路を改定。一課は国内販路を、二課は海外販路をそれぞれ専門に担当する。

2. 提案理由
　これまで当社の営業部は、一課と二課に分かれ、それぞれ関東、関西の販路を担当してきた。
　先月締結された米○○○○社との契約をはじめとする、今後の海外市場進出を見越して、海外販路を担当する専門の課を設ける必要がある。

3. 効果
● 業務がスムーズに進み、有望な海外市場へのさらなる進出が望める。
● 国内販路を同じ課がまとめて担当することで、国内全体における販売状況を把握しやすくなると考える。

以上

> 何に関する提案か、一目で分かるように付ける

ポイント　提案する理由を明示しメリットをアピールする
相手に意図を伝えるために、提案理由や、提案通り実施した場合の効果などを盛り込む

124

■例3:喫煙スペースを見直してはどうでしょうか
現状の問題点を指摘して、喫煙室の増設を求める

提案書
社内における喫煙ルールの改正について

標題の件につきましてご検討いただきたく、以下のとおり提案します。

記

■現状
社内での喫煙場所に関して、昨年より新たに設置した専用ルームでの喫煙を薦めているが、大変な混雑のため、社員食堂で喫煙する者が増えている。
当社の社員食堂は、来客用ミーティングルームと併設しているため、訪問客に不快感を与えるのではないかと懸念される。

■提案
1. 喫煙ルームを増設する…本館2階・旧資料室のスペースに、新しい喫煙ルームを設置する
2. 社員食堂に禁煙タイムを設ける…ミーティングルームの使用率が高い○時～○時に限り、食堂での喫煙を禁止する

■効果
ミーティングルーム周辺の環境が改善されるとともに、喫煙者に対して新たな喫煙場所を提供できる

■添付資料
昨年度喫煙ルーム設置時の見積書

以上

> 問題点は論理的に指摘する

ポイント 問題点を挙げることで持論に説得力を持たせる
読み手に共感を与えられるよう、分かりやすく問題点をまとめる

＊社内文書はこう作る＊

「稟議書」はこう書く

一般的に、会社ごとに以下の8つの項目をまとめたものが用意されている。

①起案番号
②起案年月日
③起案者（起案部署・起案責任者）
④件名と内容
⑤添付資料名記入欄
⑥回議欄（どのような欄が設けられているかは会社により異なる）
⑦決裁年月日と決裁内容（認可・条件付認可・修正・保留・否決など）

決裁の成否は、件名と本文で決まる。件名は具体的に作成すること。本文では、記書きを用いると詳細を見やすくまとめることができる。

126

□稟議書その1（人事に関わる案件）
アルバイトを雇ってほしいです

> 現時点で計画している事柄を詳しく記すことで、説得力を持たせることができる

アルバイトの雇用について

　例年繁忙をきわめる中元セールに向け、各支店にて接客を担当する臨時雇用社員の採用を希望し、下記の通りお伺いいたします。

記

1. 雇用人数　×名
2. 雇用期間　×月下旬～○月下旬
3. 雇用職種　各売場・接客係
4. 支給額　日給8000円
5. 募集方法　求人情報誌「××」（○月号・○月×日発売）にて掲載
6. 昨年度の雇用実績　各支店5名
7. 添付資料　求人情報誌「××」掲載見積書

以上

□稟議書その2（会社の予算に関わる案件）
新しいパソコンを購入したいと思います

パソコン購入について

　営業部では現在、顧客データの管理と閲覧用に4台のパソコンを利用しています。しかし最近は、個々のパソコン利用頻度が増加し、順番待ちのために作業効率が低下するという事態が発生しています。
　業務を円滑に進めるために、新しいパソコンの購入を計画いたしました。この件につき、検討願います。

記

1. 機種　　　××××
2. 数量　　　×台
3. 価格　　　1台○○○○円（税込）
4. 購入時期　○月上旬
5. 添付書類　カタログ1部

以上

> 検討の材料として、商品のカタログを添付する

＊社内文書はこう作る＊

● トラブルが起こった（始末書・理由書）

丁寧なお詫びと善後策が、読み手に誠意を伝える

事故や過失の程度で書き分ける

営業車のバンパーに傷をつけてしまった。理由書を書かなきゃ

会社にとって損害を与えるような、大きな過ちをおかした場合

軽い事故やミスをおかした場合／ことが収まった後に、事件の詳細を報告する場合

始末書
謝罪するための文書なので、ことの顛末をはっきりさせつつ、最大限に反省を伝える必要がある。そのためにも自筆で書く

理由書
程度の軽い事故や事件が起こったときや、一度謝罪した後にことの顛末を報告するために作成する。個人的な反省の一文などは不要

始末書は「お詫び」に、理由書は「状況説明」に焦点を当てる
始末書では謝罪と反省が、理由書では原因究明が求められる。状況に合わせて書き分ける

始末書とは、自分や部下の不始末を報告し謝罪の意を伝える文書。理由書は、事件や事故の顛末を説明する文書だ。軽い事故やミスの場合は理由書、会社にとって重大な損失を与えた場合は始末書を書くのが一般的。
いずれにしても、事態を真摯な態度で受けとめ、誠意を持って書くことが大切だ。

128

「始末書・理由書」の本文はこう書く

■例1:受注を間違えました（始末書）

受注ミスの顛末を報告し、お詫びと反省を述べる

> 真摯な謝罪の姿勢を見せることが大切。まずはお詫びの言葉から書く

受注の間違いについて

　平成○年△月×日に私が受注を担当した商品に品違いが生じた件につきまして、大変申し訳なく、深くお詫びいたします。

　当日は本来の担当者が外出中であったため、業務に不慣れな別の者が代行で作業をおこなっておりました。パートタイマーとアルバイトの学生が作業をサポートしておりましたが、ミスに気づく者はおりませんでした。

　担当者不在の際に対応する要員の訓練を怠ったことが、今回の品違いの原因であったと思われます。深く反省しております。

　二度とこのような不祥事が発生しないよう、細心の注意を払って作業に臨むことを固くお誓い申し上げます。

ポイント

事件の詳細が長くなる場合は、別紙の報告書にまとめる
報告が長すぎると謝罪の気持ちが伝わりにくい。報告書は別に作って添付する

> ミスを繰り返さないことを誓う

> 困るんだよねぇ。注文より多く届いちゃったから置く場所がなくってさ

社内文書はこう作る

■例2:部下が問題を起こしました(始末書)
部下の業務上のミスについて、上司の立場で詫びる

始末書

　先日(◎月×日)、私の監督不行き届きの結果として、当支店係員△△△△が、顧客データを誤って消去するという事件が起こりました。このため社に多大な損害を及ぼし、また社の名誉を著しく傷つけましたことは、誠に申し訳なく、心よりお詫び申し上げます。

　当人△△△△は、日ごろの勤務態度等に問題はなく、それどころか仕事熱心で非常に優秀な人材でした。今回の一件については「疲れからきたミス」と申しておりますが、いずれにしましても、上司たる私の指導、監督に落ち度があったことは事実でございます。

　なお、消去分の○○件のデータに関しましては、事情を説明し改めて収集することにいたしました。今後二度とこのような不祥事が起こらないよう、一層身を引き締めて、部下の指導にあたりますことをお誓い申し上げます。

- 事後処理について触れておく
- 上司である自分の責任について書く

ポイント
代表者宛てに提出。
事後の処理について報告する
会社の信用に関わることなので、代表者宛てに提出。事件後の対応についても明記

私のミスです。申し訳ありません

■例3:納期が遅れました(理由書)
原材料の納入遅延で作業が遅れたことを詫びる

> 複数の理由がある場合、箇条書きでまとめる

理由書

このたび、□□□社への納品が遅れた件につきまして、調査しました結果、原因が判明いたしました。以下にご報告いたします。

記

1. 生産の原材料である○○の納入が遅れたため、作業を開始する時期が遅くなってしまいました。
2. さらに今期から生産ラインにパート、アルバイトを活用した結果、不慣れな作業であったためか、若干製品生産効率が落ちていました。

今後はより一層、生産ラインに携わる人材の育成に力を入れ、作業の効率化をはかるよう努めて参ります。

以上

ポイント　詳細を記書きで整理し、今後への決意で締めくくる
事件の詳細は記書きにまとめる。個人的な謝罪は不要だが、決意表明をして反省の証とする

■例4:商品事故が発生しました(理由書)
担当工場での異物混入について詫びる

> 重要事項から順番に書く。まず調査の結果を報告し、その後理由を説明する

理由書

○月◎日、当第1工場において、生産中の商品の中に異物が混入した件につきまして、調査した結果をここにご報告申し上げます。

記

1. 異物の正体は、生産工程で吹き付ける××が固まり混入したものと判明しました。
2. 本来係の者が、××が固まり商品に混入しないよう状態を確認しておりますが、当日は固まっていることに気づかず、商品を梱包してしまいました。

今後はこのようなミスがないよう、確認作業チェックシートを設け、点検を怠らないよう努めて参ります。

以上

社内文書はこう作る

● 連絡事項を伝える（通知書・案内書・回覧書）

一見して内容が伝わるようタイトルと構成を工夫する

社内で既に決定した事項について伝えるものを、通知書という。一方案内書は、通知書のように一方的なものではなく、情報を与えて参加や活用を促す場合に作成される。また、大勢で回し読みするときは、回覧書にすると便利だ。いずれも見やすさを重視するため簡潔にまとめるが、社内文書だからといって、礼を失した書き方にならないよう注意したい。

何を知らせるかで書き分ける

業務に関わる決定や連絡事項
通知書
健康診断、防災訓練など、事情がないかぎり全社員が出席しなければならない決定事項を知らせるときに

（作成のコツ）
○誰が見ても失礼のない「ですます調」の文体で書く
○一目で内容が分かるように、件名を具体的に付ける

会社に関わる業務外の連絡事項
案内
社員旅行や歓送迎会など、親睦を目的とした社内行事について参加を呼びかけたり、情報を提供したりするときに

（作成のコツ）
○読み手の興味をそそるように、言葉選びや言い回しを工夫する
○ソフトな内容のものが多いため、かしこまりすぎた文面にならないよう注意する

> 定期健診や定例行事など、繰り返し使うものは、フォーマットを作成し保存しておく

回覧・掲示文書を活用する

大勢の人間で回し読みしたいときは、回覧を利用。それぞれに確実に伝えられるという利点がある。社外の人間に見られてもいい内容であれば、宛名と日付を取り「掲示文」にしてもよい

132

「通知書・案内書・回覧書」の本文はこう書く

■例1：健康診断があります
健康診断の実施と予備日程について知らせる

春期健康診断のお知らせ

　平成〇年度健康診断を下記のとおり実施します。社員各位は全員必ず受診してください。

記

1. 受診日　◎月×日（〇曜日）～△日（×曜日）
　　　　　・男子　10：00～正午
　　　　　・女子　14：00～17：00
2. 場　所　10階会議室A・B・C

　なお、この期間に出張などで受診できない人は、総務部〇〇までご一報ください。後日改めて連絡の上、実施します。

　　　　　　　　　　　　　　　　　　　　　　　　　　　以上

> 予備日程があることを知らせる心配りを

■例2：会議を開きます
販売促進会議について詳細を通知する

> **ポイント**
> 業務上のお知らせは、簡潔さ・正確さに留意して書く
> 細かい情報が多く入るため、記書きを利用。日付や時間は入念に確認し、誤りのないように

販売促進会議開催のお知らせ

　下記のとおり新商品の販売促進会議を開催しますので、ご出席ください。

記

1. 日　時　〇月×日（〇曜日）午前11時～正午
2. 場　所　10階第3会議室
3. 議　題　（1）新商品の販売方針
　　　　　　（2）広告と使用媒体の決定
　　　　　　（3）販促プロジェクトの人員選定

　なお、総合企画室長、関連事業室長が同席します。

　　　　　　　　　　　　　　　　　　　　　　　　　　　以上

社内文書はこう作る

■例3:社員旅行についてお知らせします
旅行先の決定と、スケジュールについて通知する

『創立10周年記念 社員旅行』について

　先日ご協力いただいた『社員旅行 行き先アンケート』を集計した結果、今回の行き先はオーストラリアに決定しました。詳細は下記のとおりです。
　なお、オプションナルツアーの内容は、添付したパンフレットをご覧ください。オプショナルツアーの選定に関しては、追ってアンケート用紙を配布しますので、各自希望するコースを考えておいてください。

記

夏のオーストラリアでリフレッシュ

期間：平成○年×月×日(○曜日)～△日(×曜日)　○泊○日

行き先：オーストラリア　○○○○

宿泊先：ホテル○○○　(http://www.pppp～)

日程：

<1日目> 成田空港集合[00：00] → 成田発[00：00]
　　　　　　→ ○○○○着[現地時間00：00] → 自由行動

<2日目> オプショナルツアー(A～Eのうち2つ選定)[終日]

<3日目> クルーズ(グレートバリアリーフ)[終日]

<4日目> 自由行動[終日]

<5日目> ○○○○発[現地時間00：00] → 成田着[00：00]

→ 解散

以上

> パンフレットやホテルのURLを添付し、詳細を確認できるようにしておく

> **読み手の興味を引くため、硬い文章にならないよう注意**
> 楽しい話題だけに、かしこまりすぎず、読みやすい文面を心がける
> (ポイント)

■例4：社内販売カタログを回覧してください（回覧）
社内販売の日程を知らせ、カタログを回覧する

回覧

平成〇年×月◎日

社員各位

社内販売についてのお知らせ

　〇×デパート提供による〇〇〇〇の社内販売をおこないます。

　添付のカタログをご覧の上、記入用紙に希望の商品番号を明記し、各自総務部の所定の場所まで提出してください。

　なお、不明点等につきましては、総務部〇〇までお問い合わせください。また、お忙しいところお手数ですが、×月末までに回覧いただき、回覧後は総務部までお届けくださいますようお願いいたします。

以上

総務部							
営業部							
広報部							

担当　総務部〇〇　（内線000-000）

- 回覧文書であることが一目で分かるようにしておく
- 期限を設け、速やかな回覧を促す

ポイント

回覧を確認するため、欄を作りサインや捺印をもらう

回覧用のフォーマットは名前入りを作っておき、用途に合わせて使い回してもよい

＊社内文書はこう作る＊

● 上司に報告をする（報告書）

状況報告と自分の意見が混同しないよう書き分ける

感想を盛り込むことで完成度が上がる

（おっと、日報を書く時間だ）

内容の充実はもちろん、期限も必ず守る。日報は毎日書く時間を決めておくとよい

特定の事柄に対して報告する場合

通常業務以外の事柄、たとえばセミナーや研修会といった、いわゆる特別行事に参加した場合などが該当する。記憶が鮮明なうちに作成・提出しよう

事実を述べた項目の後に、"所感"の項目を設けて、見解や感想を付け加える

定期的に報告する場合

日報、月報などが該当。会社ごとにフォーマットが用意されている場合が多い。正確・簡潔を心がけて作成する

特記事項の欄に、結論→詳細→感想を記入。状況説明と感想が混同しないよう注意

報告書には、日報などのように定期的に作成するものと、何らかの業務を終えたときに作成するものがある。

間を置かず迅速に提出することが大切だが、そのためにいいかげんな内容にならないよう注意。資料を付けたり、所感を書き添えたりし、内容の充実を図りたい。

「報告書」の本文はこう書く

■例1:本日の業務について報告します(日報)
一日の営業活動を簡潔にまとめて報告する

> 時間軸に沿って、簡潔に記す

〈営業日報〉

平成 ○ 年 × 月 × 日 (○ 曜日)			
記入者所属/氏名	企画・営業二課 / ○○○○○ ㊞		課長

時間	業務内容
10時30分~12時00分	▲▲▲産業「○○ショップ」訪問販売 ■■■「00-1」型を販売
13時30分~14時30分	□□□株式会社訪問販売
15時00分~17時00分	○○○株式会社とのタイアップ商品(○月○日発売)について、プレゼンと打ち合わせ
17時30分~ 時 分	帰社

成約成績

製品名	台数	納期	金額
■■■「00-1」型	5	平成○年×月×日	¥00000
■■■「00-2」型	2	平成○年△月▲日	¥00000

(特記事項)
・□□□株式会社のみ新規訪問。反応は良好のため、後日再訪予定
・■■■「00-2」型は、帰社後の電話注文にて受注
・○○○株式会社とのタイアップ商品は、来週末にパターンを決定。生産スケジュールを改めて提出

> **ポイント**
> 詳細や注意点は、特記事項欄にまとめる
> フォーマットに従って書くときは、"特記事項欄"や"備考欄"に細かい所感をまとめる

> 今後の業務予定を書いておく

第4章 「社内文書」が書けると仕事も人間関係も成功する

社内文書はこう作る

■例2：出張してきました
出張先での特約の獲得と、今後の課題を報告する

出張報告書
「らくらく名刺2」販売特約について

出張者：○○、□□

日時：平成○年×月×日（○）

訪問地：○○ショップ秋田店（8店）、宮城店（7店）

目的：名刺作成器「らくらく名刺2」販売特約の獲得

成果：10店と契約

打ち合わせ事項：

1.　他社製品と比較すると製品のサイズが大きい。製品を小型化し、機能の充実を図る必要がある。

2.　価格を△万円台に引き下げ、卸売価格もさらに3％程度値下げできないだろうかとの要望があり、検討する必要がある。

所感：同種の他社製品を多く取り扱う○○ショップへの営業ということで、厳しい評価を覚悟していたが、今回の訪問で、「らくらく名刺2」の機能性について十分理解していただいたという感触があった。

以上

> 現場の意見を分かりやすくまとめる

ポイント

出張先で受けた要望をまとめ、今後の課題として取り上げる

打ち合わせ内容は箇条書きに。現場に触れた人間として、今後の展望を記入しておこう

■例3:セミナーを受講しました
受講後の感想に重点を置き、受講内容を報告する

セミナー受講報告書

　このたび、下記のとおり社外研修会に参加しましたのでご報告申し上げます。

記

1. セミナー名：「企画が通るプレゼンテーション」
2. 主催者名：××コンサルティング株式会社
3. 講　　　師：○○○物産企画部長　○○○○氏
4. 日　　　時：平成○年○月○日（○曜日）
　　　　　　　　午前11時00分～午後5時00分
5. 場　　　所：□□□大学記念講堂　小ホール
6. 受講料：○○○○円
7. 感　　想：

プレゼンテーションを成功させるには、話術と、視覚的表現の充実が大切であると分かりました。今後はパワーポイントを使ったプレゼン資料作りについて知識を深め、日々の業務に活かしていきたいと考えます。

8. 添付資料：講義メモ「顧客を惹きつけるしゃべり方」

以上

所感を添えることで、セミナーの内容をより詳しく伝えることができる

ポイント：特に重要と思われた箇所は添付資料でまとめる
詳細を長々と書くと、読みづらくなる。講義メモなどを添付し、参照できるようにする

社内文書はこう作る

●会議の内容を記録する（議事録）
必須項目の漏れに注意。決定事項と経緯を詳しく書く

日時から出席者、内容まで5W1Hを漏れなく盛り込む

議事内容は経緯と結果を順序よく記述

議事項目
会議開催の目的や議題の意味について説明する

内容と会議の経過
議題がどのような順序で話し合われたか、次第をまとめる

決定事項
会議で決定されたことを、箇条書きで列挙する

懸案・保留事項
次回の課題となることや、決定にいたらなかった事柄を書く

①議事録作成日
②作成者名
③議題
④日時
⑤場所
⑥出席者名と出席者数
⑦議事内容
⑧次回開催予定日（次回がある場合）

会議の内容を記録する文書。定期的に必要となるため会社ごとにフォーマットがある場合が多い。

議事録に盛り込むべき内容は、作成日から次回開催予定日まで、上記の8項目。⑦の議事内容は、議事録の成否を分ける最も重要な項目だ。どのような経緯を経て、何を決定したかを簡潔に書き記しておこう。

複数枚にわたるときは、きりのいいところでページを改める

なるべく簡潔にまとめたいが、会議の内容によっては、複数枚にわたってしまうものもある。その場合、一つの項目がページをまたがっていると読みづらい。項目の変わり目で、ページを改める配慮が必要だ

「議事録」の本文はこう書く

■例1：定例ミーティングの内容を報告します
課で定期的に開かれるミーティングの記録を取る

課内定例ミーティング議事録

日時：平成○年 ○月×日 00:00～01:00

場所：第5会議室

出席者：××課長、課員9名

議事：1. 新規プロジェクト立ち上げについて
　　　2. 業務管理システムの導入について

決定事項：

1. 新規プロジェクト立ち上げについて

○○地域における新製品の販促活動を大規模かつ効率よく実施するため、来月よりプロジェクトを立ち上げる。リーダーの○○を中心に5人程度のメンバーで半年間の活動を予定。

2. 業務推進システムの導入について

かねてより懸案であった取引先の情報共有、社員のスケジュール管理のため業務管理システムの導入を決定。数社から見積もりを取り、比較検討する。

以上

課内と決まっているため、課長以外の出席者名を省略して人数のみでもよい

ポイント

軽いミーティングの場合は、形式を簡略化してもよい
日常的におこなわれるような短い会議の場合は、ある程度簡略化しても分かりやすければよい

■例2:企画会議の内容を報告します
新商品開発に関する会議の内容を報告する

新商品企画会議

議題：機能性衣類の開発について

日時：平成○年×月×日 00:00～00:00

場所：第1会議室

出席者：○○企画部長、○○営業部長、○○宣伝部長、○○課長、○○課長、
　　　　××、××、××

議事：1. 商品企画意図の説明（添付資料1）
　　　2. マーケット調査報告（添付資料2）
　　　3. 新繊維の開発状況（添付資料3）

決定事項：1. 今年7月の発売を目指して開発を推進する
　　　　　2. 原材料調達のルートを確保する

懸案事項：1. 他社も同種製品を開発中であるが進行状況が不明
　　　　　2. 米国本社の承認に時間がかかる

次回予定：○月上旬

以上

文責　販売促進課　××（内線0000-00、E-mail oooo@oooooo.co.jp）

出席者は、役職順に書く

ポイント：議事のもととなる資料には、番号を付けて整理しておく
後々議事録を参照する際にも分かりやすいよう、添付資料の整理には気を配る

作成者の連絡先が必要な場合は、文末に内線番号とEメールアドレスを

■例3:社内委員会の内容を報告します
決まったメンバーからなる定例会の活動を報告する

業務改善委員会第18回定例会議

議題:改善要望書提出のシステム化について

日時:平成○年◎月△日 00:00～00:00

場所:第8会議室

出席者:○○、○○、○○、○○、○○、○○

欠席者:××、×× (両名とも大阪出張のため)

議事:改善要望の実現を迅速化するには

決定事項:1. 社内ネットワーク上で申請、受理するシステムを導入する
　　　　　2. システム導入予算を策定する

＊審議内容の詳細は別紙参照

懸案事項:申請方法を周知させるためのマニュアル作成が必要

次回予定:○月上旬

　　　　　　　　　　　　　　　　　　　　　　　　　　　以上

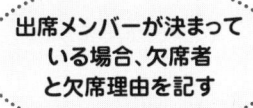

出席メンバーが決まっている場合、欠席者と欠席理由を記す

ポイント 審議の詳細は別紙にまとめ、要点のみを記す
審議内容が細かくなる場合は、議事録に書き込むと見づらくなる。別紙にまとめて添付する

＊社内文書はこう作る＊

● 研究・調査結果をまとめる（社内論文・レポート）

序文から結論まで論旨を意識して作成する

あるテーマに関して、個人やチームが研究した成果をまとめたものを社内論文という。ほぼ同じ意味で、ボリュームが少なめのものがレポート。どちらもそのテーマに関する深い意見を求めるものだ。

構成は、序文から本論、展開、結論までの4段階が基本。一貫して論旨を通して書き進めるためには、そのテーマについてよく調べ、理解し、主張を固めておくことが大切だ。

自分の主張に向かって順序よく書き進める

序文 全体のあらすじを紹介する
問題を提示し、論文の中でどのように展開していくか、全体を要約して紹介する

本論 テーマを具体的に挙げる
序文で触れたテーマについて、具体的な事例を挙げながら、詳しく述べる

展開 テーマを掘り下げる
論文のテーマを、さらに深く追究する。具体的なデータに基づいて書くと説得力が出る

結論 自分なりの主張をまとめる
本論や展開の内容を受けて考えた、自分なりの提案や感想などを主張する

読みやすくするため、専門用語を避け分かりやすい表現を

難しい専門用語や硬い表現が続くと、読みづらいものになる。なるべく易しい語句を使い、柔らかい表現を心がける

「社内論文・レポート」の本文はこう書く

■例：調査結果を発表します
新システムの試行結果を発表し、導入を提案する

「××ショップ」における新集客方法の考察
提出者：○○○○

　昨年開始したネットショップにつき、平成○年×月×日より○月×日まで下記の調査を実施しましたので、以下の通り報告いたします。

1. 新しい世代における登録者数獲得の必要性
　○年×月×日より運営を開始した通信販売サイト「××ショップ」は、我が社のメインサイトといっても過言ではありません。……新しい世代における登録者数獲得を目指すための集客方法を、今こそ考える必要があります。ここでは、……
2. 売上高の現状と集客者数見直しについて
　ご存じのように「××ショップ」は、主力商品□□の販売により登録者数を伸ばしてきました。しかし、<mark>×月以降の商品ジャンル別売上高推移では、□□の売上高が急速に低下していることが分かります（資料①）</mark>。……
3. ○○を使用した新集客方法導入のメリット
　さて、こうしたなか、「××ショップ」が新たな年代層で受け入れられるために必要なことは何でしょうか。……調査中、○○を利用した集客方法を3週間試行したところ、売上高○％増となる変化が得られました（資料④）。……
4. まとめ
　現状に満足することなく、新しい集客法を積極的に導入することが、「××ショップ」の発展に貢献するものと考えます。……
5. 添付資料
　①商品ジャンル別売上高推移（○年度調べ）
　②……

> 添付資料に基づいた、具体的なデータを使って展開。曖昧な数字や憶測は禁物

ポイント　一貫して論旨を通し、文章を組み立てる
序文から結論まで、論旨を意識して作成。主張を裏付ける具体的なデータや情報を挙げると説得力が出る

145　第4章　「社内文書」が書けると仕事も人間関係も成功する

＊社内文書はこう作る＊

●退職希望を出す（退職届）

慣用句を利用し余計なことは書かない

退職届の「3つの常識」を踏まえる

1 タイミングの常識
早めに提出する
民法では原則として14日前までに退職を申し入れるよう定めているが、仕事の都合も考え早めに提出する

2 礼儀の常識
楷書と丁寧な言葉遣いを守る
最後まで礼儀は尽くさなければならない。文字は楷書で、丁寧に書くこと

3 退職理由の常識
退職理由は詳しく書かない
理由を細かく記す必要はない。以下のような常套句を使い、簡潔にまとめる

退職届の常套句
- 「一身上の都合により」
- 「家事都合により」（家業を継ぐために退職する場合）

自分の都合で職を辞す場合、退職届を提出する。退職後、前の職場の人間とどこで関係が発生するか分からない。どんな理由で退職するにせよ、礼儀正しく作成する。

また、会社側の都合も考えなければならない。突然提出するのではなく、事前に一言相談する配慮が必要だ。

「退職届」はこう書く

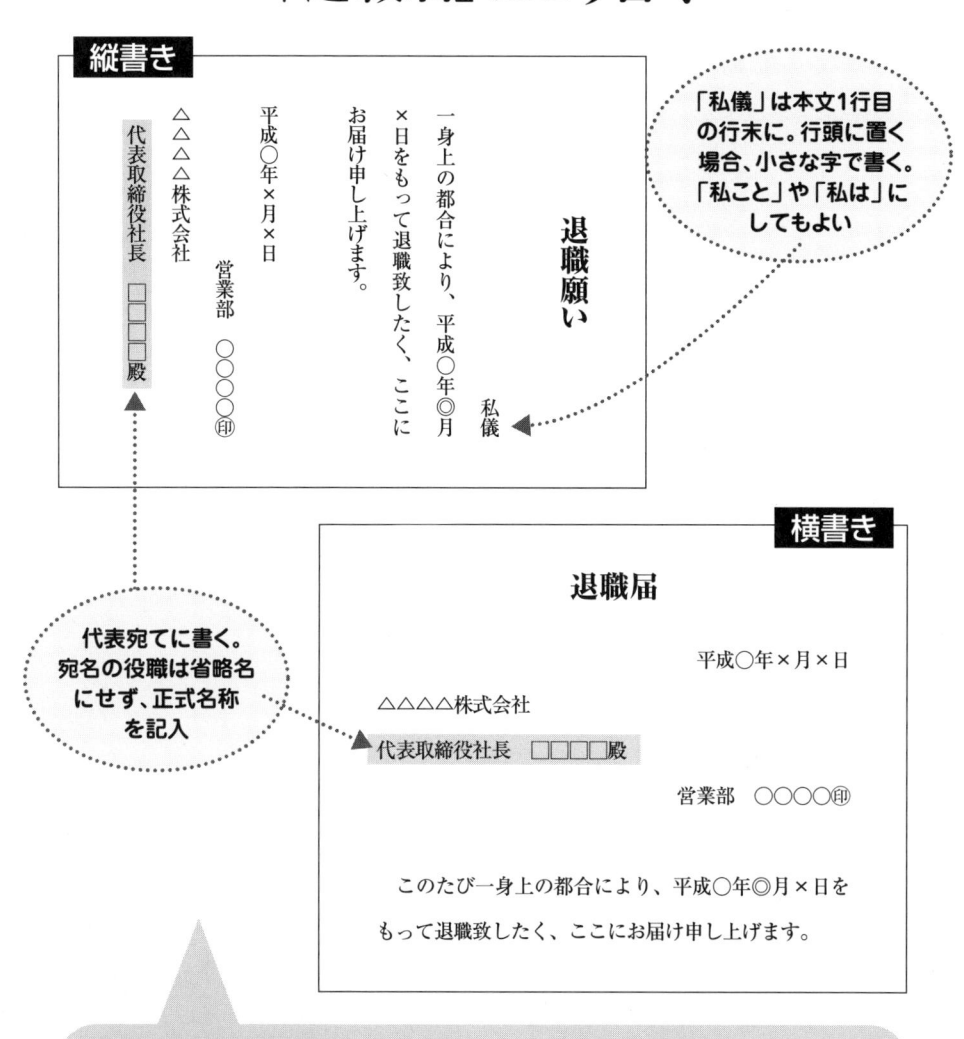

縦書き

退職願い

　　　　　　　　　　　　私儀

一身上の都合により、平成〇年◎月×日をもって退職致したく、ここにお届け申し上げます。

平成〇年×月×日

　　　　　　営業部　〇〇〇〇㊞

△△△△株式会社
　代表取締役社長　□□□□殿

> 「私儀」は本文1行目の行末に。行頭に置く場合、小さな字で書く。「私こと」や「私は」にしてもよい

> 代表宛てに書く。宛名の役職は省略名にせず、正式名称を記入

横書き

退職届

　　　　　　　　　　　　平成〇年×月×日

△△△△株式会社
　代表取締役社長　□□□□殿

　　　　　　　　　　営業部　〇〇〇〇㊞

　このたび一身上の都合により、平成〇年◎月×日をもって退職致したく、ここにお届け申し上げます。

> 退職後の手続きを考え、連絡先（住所・電話番号）を記入する場合は、その旨を文末に書く

……お届け申し上げます。
　なお、退職後の連絡先は下記の通りです。
〒000-0000　東京都……
電話番号　00-0000-0000

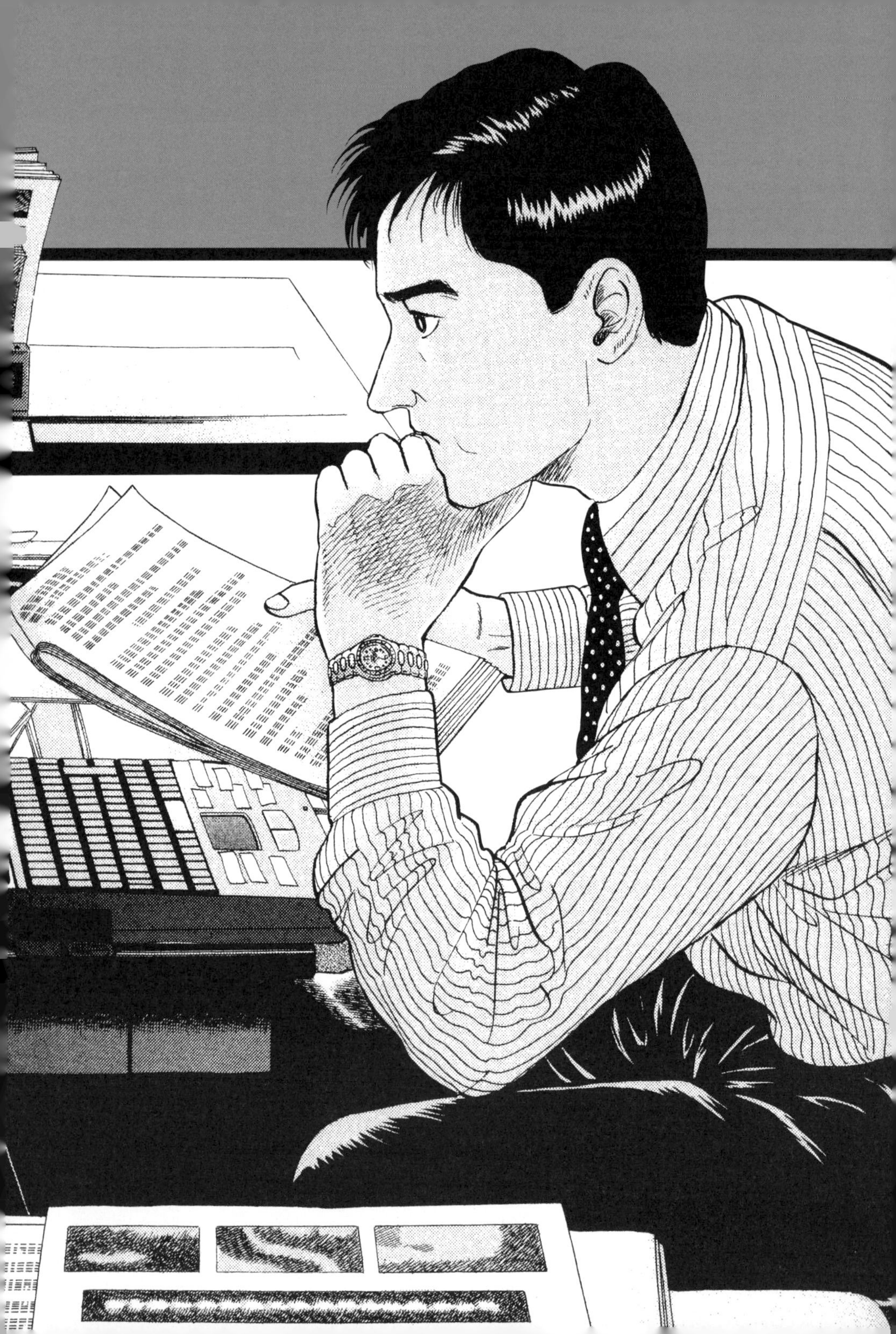

第5章

「Eメール文書」を賢く使う

紙の文書にはない素早さ、手軽さが重宝され、

ビジネスシーンで活躍するEメール。

メリットとデメリットを考え、

状況に合わせて使用することが大切だ

Eメール文書作成のルール

●基本フォーマットと必須項目

儀礼的な要素を取り除き、短く合理的にまとめる

1. 前文から末文まで「本文」は徹底して簡潔に

むやみに長い文章をモニターで読むのはつらいもの。なるべく短く作成する

前文：儀礼的な挨拶は不要

頭語や時候の挨拶など、形式的な前置きは不要。「いつもお世話になっております」程度の短い挨拶で書き出す

主文：転語をつけず、すぐ本題へ

いかに短く読みやすいかを重視。本題に入るときも、「さて」などの転語は必要ない。話題を変えるときは1行空ける

末文：省略も可。できる限り簡単に

「以上、よろしくお願いいたします」など、簡単な挨拶で締める。頭語を省くのと同様、結語も付けなくてよい

情報を瞬時に伝えられるEメールは、ビジネスのやり取りでも欠かせない伝達手段だ。

作成する際は、相手の受信環境を考える。正確に表示されるようテキスト形式にし、文字化けする恐れのある丸つき数字などを使わないよう注意する。

また、手軽に送れる伝達手段ではあるが、相手に軽々しい印象を与えてしまう場合も。相手と状況を考えて使わなければならない。

相手のメール使用率を事前にチェック

相手のメールチェックの頻度を把握。送りっ放しにならないよう、重要な案件や急ぎのものを送るときは電話で伝えチェックを促そう

Eメール文書は3つの要素から成り立っている

2 具体的な「件名」が保存に便利

相手が後日メールを見直すときに探しやすいよう、「〜のご依頼」「○○ご注文の件」など、件名は内容を反映させ具体的に

送信者： △△△<0000@0000.co.jp>
日　時： 0000年◎月×日　00：00
宛　先： ○○○○<1111@1111.co.jp>
件　名： 〜についてお知らせ

■■■株式会社　○○○○様

いつもお世話になっております。　◎◎株式会社の△△です。

□□□□□□□□□□□□□□□□□□□□□□□□□
□□□□□□□□□□□□□□□□□□□□□□□□□
□□□□□□□□□□□□□□□□□□□□□□□□□
□□□□□□□□□□□□□□□□□□□□□

以上、よろしくお願いいたします。

========================
△△
◎◎株式会社　広報部
E-mail：0000@0000.co.jp
========================

---

3 「署名」は5〜6行以内のものを作りおき

"署名機能"を利用すると、あらかじめ作っておいた署名を、こちらから発信する文書に自動的に入れられるため便利だ

署名に入れる項目は?
住所・電話番号・ファックス番号・URLなどを、必要に応じて入れる

Eメール文書作成のルール

● Eメール文書を読みやすくする4つの常識

文章はすべて左寄せ。受信時の自動改行に注意する

見づらいメールは読む気をなくさせる

> 頭が揃っていないので見づらい

> スクロールしないと全部読めない

```
○○製作所　○○様

　いつも大変お世話になっております。株式会社■■の□□□□です。
　さて、このたび「IT業界におけるビジネスマナーセミナー」を下記の
とおり開催する運び
となりました。
　当日は、IT業界を牽引する株式会社△△コンサルティングの＊＊＊社
長にご来場いただき、
業界で今後期待されるビジネスマナーの役割や、正しいマナー習得のコ
ツをお話しいただき
ます。
　講演終了後には、懇親会を兼ねた立食パーティーの用意もございます
ので、ご多忙のこと
とは存じますが、お誘い合わせの上、ご参加いただけると幸いに存じま
す。
　まずは取り急ぎご案内まで。
　　　　　　　　　　　　　　　　　　記
日時：○月×日（○曜日）　00：00〜00：00
会場：×××ホテル　○○ホール（3階）
```

> 記書きの位置がおかしい

> 変な位置で改行されている

　メールは基本的にモニター画面で読むものである。読みやすくするには、画面上でコンパクトにとめることが大切。改行時は文頭を常に左側に揃え、短くまとまるよう簡単な言葉で書き上げる。

　また、画面に表示される文字数には制限があり、一行が一定の文字数を超えると、自動的に改行されてしまう場合がある。見やすく仕上げたつもりでも、相手側に届いたとき、おかしな位置で行が変わり、読みづらくなることがあるため注意が必要だ。

152

4つのマナーで文面を見やすくととのえる

2 段落は1行空きで表す
行間が狭いため、1字下げただけでは段落がはっきり分からない。段落間を1行空けることで表す

1 一文の長さは35文字以内に
たいていのパソコンでは、画面上で一度に読める長さは40字前後。それ以上長くなる前に改行する

◎◎製作所　＊＊＊様

いつも大変お世話になっております。株式会社■■の□□□□です。

このたび、「ビジネスマナーセミナー」を下記のとおり開催する運びとなりました。時間割等の詳細は添付ファイルにてご確認ください。
お誘い合わせの上、ご参加いただければ幸いです。

＝＝＝＝＝＝＝＝＝＝＝＝＝＝＝＝＝＝＝＝＝＝＝＝＝＝＝
日時：〇月×日（〇曜日）　00：00〜00：00
会場：×××ホテル　〇〇ホール（3階）　URL：http://www.0000〜
＝＝＝＝＝＝＝＝＝＝＝＝＝＝＝＝＝＝＝＝＝＝＝＝＝＝＝

□□□□
株式会社■■　営業部
E-mail 0000@0000.co.jp

---

4 左詰めの記書きか罫線で整理
中心に置くと分かりづらいため、記書きは左詰めに。罫線を作り、他と区切ってもよい

3 スクロールせずに最後まで読める短さに
細かい情報はテキストファイルにまとめて添付し、短くまとめる

〈罫線は「記号」で作る〉
罫線は、半角記号で作ることができる。どんな罫線を入れるかで文書の持つ印象が変わるため、内容に合わせて作る

ハイフン (-) を使った例

スラッシュ (/) を使った例
//
アステリスク (*) を使った例
****
△と▼を組み合わせた例
△▼△▼△▼△▼△▼△▼△▼△▼△▼△▼△▼△▼△▼△▼

第5章「Eメール文書」を賢く使う

＊Eメール文書作成のルール＊

● やり取りをスムーズにするメールの特性

返信・同時送信機能で連絡網が密になる

返信機能 相手の文書を引用し、情報を正確にやり取りできる

件名は"Re:～"のままにしておく
どの件に対する返信かすぐ分かるよう、あえて件名を変えずに送る

件名： Re:○○○会のご案内

お世話になっております。　■■株式会社○○です。
このたびは、○○○会のご案内をいただきありがとうございました。

>時間は20：00～22：00となっておりますが、それまでに受付を済ませていただきたくお願い申し上げます。

了解いたしました。19：30にお伺いいたします。

>お手数ですが、欠席の場合は、◎月×日までにご一報いただきたく存じます。

欠席の場合は、同課の△△が代理でお伺いします。

引用文と本文の間は1行空きで
どこまでが引用文か、はっきり分かるように1行空けて本文を書く

引用はなるべく短くする
引用は、ポイントを押さえ短めに。相手の文章には手を加えず、原文のまま引用する

確認が必要な情報に対し、素早く返事ができるのがメールの利点。引用をうまく使えば、より短い言葉でやり取りできるため、社内外ともに連絡事項の伝達や報告が気軽にできる。

また、メール文書で活用したい機能として、同時送信機能がある。ヘッダの"宛先"欄や"CC""BCC"欄に、送り先のアドレスを列挙することで、複数の相手に一度に送信できる。大勢で同じ情報を共有したいときに便利だ。

同時送信機能 — 複数の相手に対し、一度に同じ内容を伝える

"宛先"を利用

社内、またはメンバー同士お互いアドレスを知っている社外の協会の会員で、返事が必要な通知を送るとき

"宛先"欄に、受信者を列挙する。"宛先"で送られた受信者のヘッダには、同じメールが他に誰に送られているか、通知される。返事が必要なメールを複数の人間に送りたいときに使う

<送信メールのヘッダ>

| 送信者： |
| 宛　先： |
| Ｃ　Ｃ： |
| ＢＣＣ： |
| 件　名： |

"CC"を利用

社内会議のレジュメを所属長に提出し、ついでに出席者にも回すとき

"CC"は「Carbon Copy」の略。"CC"でメールを受け取った受信者のアドレスは、"宛先"や"BCC"で送られた相手にも通知されてしまう。受信者同士が互いにアドレスを知らない場合、"CC"で送ることは避ける

"BCC"を利用

顧客や取引先に、一斉に通知・案内を送るとき

"BCC"は「Blind Carbon Copy」の略。"BCC"に入れた受信者のアドレスは、"宛先"や"BCC"で受信した相手には知らされない。受信者がお互いにアドレスを知られたくない場合や、宛先に知られずに他者に送信したいときに使う

CC、BCCで受け取ったメールに、返信は不要

"CC"や"BCC"は、「"宛先"の人に送るついでに、参考までにコピーを送っておく」というスタンスで使われる。返事を期待するものではないので、CCやBCCでメールを受け取った場合は返信しなくてもよい

＊Eメール文書はこう作る＊

● 通知・案内メール

添付資料を利用し、細かい情報を知らせる

ちょっとしたお知らせや複数人宛ての通知に活躍

あと、50人か……同時送信だと一気に送れるな

カタカタ

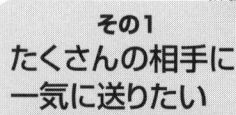

その1
たくさんの相手に一気に送りたい
関係者向けの説明会や勉強会など、多数の人に知らせたい催しの案内に便利

その2
電話でやり取りした件について確認しておきたい
口約束の証拠として、数字や日時などを残しておきたいときに、メールを送っておく

その3
わざわざ電話するのも気が引ける
軽い確認や申し送り、念押しなど、郵送や電話では大袈裟すぎる場合、メールで通知する

詳細を伝えるためテキストファイルを添付
テキストや画像などのファイルを添付したり、ホームページのURLを添えることで、本文を長引かせることなく情報を提供できる

メールを使うと、相手の時間に突然割り込む電話や、相手に届くまでに手間のかかる手紙よりも、はるかに簡単にやり取りが進む。封書を出すまでもない軽い通知などに便利だ。

また、同時送信機能を使えば、一度にたくさんの相手に、同じ内容を送ることができる。顧客宛てのセールの案内などに活用したい。

「通知・案内」メールはこう書く

■例1:懇談会のご案内です
会の趣旨を伝えて誘い、出欠の返事を求める

件名： 懇談会のご案内

株式会社○○　○○様

いつもお世話になっております。××株式会社の××です。

このたび弊社では、下記日程にて「屋外広告に関わる人々の懇談会」を開催する運びとなりました。
企業の広報の方、デザイナー、コピーライター、プロデューサーの方などをお招きし、幅広いテーマについて、意見交換をさせていただくものです。
お忙しいこととは存じますが、奮ってのご参加を期待しております。

```
================================
日時：○月×日（○曜日）　00：00～00：00
会場：□□ホール　＊添付の地図をご参照ください
================================
```

なお、お手数ではございますが、当日のご出欠を、メールでご一報いただきたくお願い申し上げます。

ポイント
必要な情報を簡潔かつ目立つように整理
日時や会場などの情報は、文章中には盛り込まない。段落を変え、罫線で目立たせて伝える

地図もしくは、会場のHPアドレスを添付する

Eメール文書はこう作る

■例2:新商品を発売しました
新商品の情報を掲載したホームページを紹介する

件名： 新型3D○○○発売のご案内

関係者各位

平素は格別のご高配を賜り、ありがとうございます。

×月下旬発売予定の「新型3D○○○」を発表いたしましたので、さっそくご案内させていただきます。

本製品は、昨今流行の▲▲型に加え、当社で研究を重ねております□□□技術を駆使し、高い耐久性を実現したものです。詳細は弊社ホームページ(http://www.AAAA〜)にて掲載しておりますので、ご覧いただけますと幸いです。

疑問点等ございましたら、弊社広報部までお問い合わせのほどお願い申し上げます。

取引先や客先に送る場合は、メールでも丁寧な挨拶を入れる

ポイント
より詳しい情報を伝えるために、URLを掲載
HPのアドレスを掲載することで、文面は簡潔にもかかわらず、より詳しい情報を提供できる

ご覧ください！わが社自慢の新商品です！

■例3:入金を確認しました
先方から入金されたことを報告する

件名： 商品○○の代金お振込みについて

○○株式会社　○○様

毎々ご愛顧いただきまして、ありがとうございます。
××株式会社の××です。

本日、商品□□の代金の、弊社指定銀行口座へのお振込みを確認いたしました。
誠にありがとうございました。

今後とも、お引き立てのほどよろしくお願いいたします。

■例4:商品が到着しました
注文商品が問題なく届いたことを伝える

ポイント　相手を安心させるため、簡単でも速やかに送信を
物やお金を受け取った、送ったという確認や報告のメールは、簡単でもいいので速やかに出す

件名： 商品○○を受け取りました

△△製作所　△△様

お世話になっております。××株式会社の××です。

本日、注文しておりました商品○○が無事に届きました。さっそく中身を確認させていただきましたが、状態には全く問題がございません。
お忙しい中、納期を守っていただき、ありがとうございました。

今後も機会がございましたら、どうぞ引き続きよろしくお願い申し上げます。
取り急ぎお知らせまで。

Eメール文書はこう作る

■例5:ご注文の商品が入荷しました
入荷の通知とともに配送したことを伝える

件名： ご注文の商品が入荷しました

○○株式会社　○○様

毎々お引き立ていただきまして、ありがとうございます。
××株式会社の××です。

×月×日付の貴注×号にてご注文いただきました下記の商品につきまして、本日入荷いたしました。本日午後発送いたしますので、明日午前中にはお届けできるかと存じます。

よろしくご査収のほどお願い申し上げます。
///
入荷商品：○○○○　10個　0000円（消費税別）

ポイント

入荷、発送の段取りを、いち早く報告する
入荷状況を箇条書きにし、一目で内容が分かるようにする。発送の予定も合わせて知らせる

先方が確認しやすいよう、注文の内容を再度添付する

社内のパソコン環境が変わって、アドレスも変更しました

■例6：メールアドレスを変更しました
新しいアドレスから同時送信で変更を知らせる

件名： メールアドレスを変更しました

関係者各位

お世話になっております。　××株式会社の××です。

本日×月×日より、私のメールアドレスが下記の通り変更となりました。
お手数ですが、アドレス帳等の登録のご変更をお願いいたします。

記
旧アドレス：11111@0000.co.jp
新アドレス：00000@0000.co.jp
以上

新旧のアドレスを両方とも書いておく

ポイント
相手が変更・登録しやすいよう、新アドレスから送る
相手がそのまま登録できるよう、新アドレスから同時送信をすると親切

Eメール文書はこう作る

挨拶メール
簡単な挨拶には、同時送信機能を活用する

メールで送ってもよいのは"仮"の挨拶と"軽め"の挨拶

case1 転任・異動を知らせる挨拶
これまで付き合いのあった相手に、離任を知らせる。ただし、特にお世話になった相手には、直接出向いて報告するのが礼儀

case2 初めての相手に自己紹介
新任地で引き継いだ取引先への自己紹介などは、とりあえずメールで送り、日を改めて足を運ぶとよい

case3 季節のお見舞い状
暑中見舞いや寒中見舞いで、新商品のセールスや休業通知を兼ねるような軽めのものなら、メールでも十分

転任や着任などにともない、新しい人間関係を築かなくてはならない場合、なるべく早く挨拶することが重要だ。まずはご機嫌伺いとして、前任者から引き継いだ顧客宛てに、軽い自己紹介のメールを送っておく。

ただし、メールはあくまで略式の挨拶。「後日、直接ご挨拶に参ります」という一文を必ず添える心配りが重要だ。

儀礼的な挨拶には不適当

メールは軽々しい印象を与える場合があるため、社長就任や創業記念など、格調を持たせたい挨拶を出すときは不適当。また、年賀の挨拶など儀礼的なものは、書面のほうが望ましい

「挨拶」メールはこう書く

■例1：新しく担当に着任しました
着任の挨拶とこれからの抱負を語る

件名：件名：××株式会社の××より担当着任のご挨拶

○○有限会社　○○様

初めてメールを差し上げます。××株式会社の××と申します。

このたび前任の□□の後を受けまして、貴社を担当させていただくことになりました。
先月当地に赴任したばかりでございますが、ご満足いただけるサービスをお届けできますよう努力する所存でございます。前任者同様、格段のご厚情を賜りますようお願い申し上げます。

近日中にご挨拶にお伺いいたします。
どうぞよろしくお願いいたします。

> 「突然のメールにて失礼いたします」も可。初回のメールであることを伝える書き出しで

ポイント
メールは挨拶の前段階。後日改めて出向き挨拶を
「今後、よろしくお願いします」という気持ちを、直接挨拶に出向く前に、前段階として伝えておく

4月より配属されました。ご指導よろしくお願いします！

営業部に配属された。取引先にも、メールを出しておかなければ

■例2：広報部に異動になりました
お別れの挨拶と感謝を伝え、後任者を紹介する

件名： 広報部異動のお知らせ

○○株式会社　□□様

ご無沙汰いたしております。××株式会社の△△です。

このたび私は、営業企画部より広報部に異動いたしました。
これまでに経験のない分野でございますが、気持ちも新たに、いっそうの努力をしていく所存でおります。今後ともご指導、ご鞭撻のほどよろしくお願いいたします。

なお、私の後任といたしまして、営業企画部○○が、○月×日より貴社をご担当させていただきます。
つきましては、○○とともにご挨拶にお伺いしたいと存じますが、来週の月曜日（×日）もしくは火曜日（×日）午後のご都合はいかがでしょうか。

ご多用のところ誠に恐縮ではございますが、ご検討いただけると幸いです。

取り急ぎ、ご挨拶まで。

ポイント

自分の異動先と、挨拶に行くことを通知
自分の異動先を知らせると同時に、日を改めて後任者紹介の挨拶に行くことを通知する

日時を提案して相手の都合を尋ねる

■例3:寒中お見舞い申し上げます
セールスを兼ねた季節の挨拶状を出す

件名： 寒中お見舞い申し上げます

寒中お見舞い申し上げます。

毎々格別のお引き立てにあずかり、厚く御礼申し上げます。
厳寒の折、皆さまにおかれましてはいかがお過ごしでしょうか。

弊社ではこのたび、秋冬物の第2弾が入荷いたしました。詳細は弊社ホームページでご案内しております。（URL：http://www.0000〜）
寒さが一層厳しくなるこの季節にぴったりのラインナップとなっております。
是非ご覧いただければ幸いに存じます。

お風邪などお召しになりませんよう、健康管理には十分ご注意ください。

> セールスを兼ねてHPを添付する

ポイント
ご機嫌伺いの軽い挨拶の場合は、メールも可
お知らせを兼ねた軽い挨拶は、メールも可。ただし、改まって挨拶したい相手にはハガキや封書で

Eメール文書はこう作る

● 申し込み・注文メール

電話と併用することで、業務を円滑に進められる

4つのポイントを押さえ、初メールで信用を得る

<件名>
少々長くてもOK 内容が分かる件名を
「○○の件」では、初メールにしては唐突。「○○の注文」などと具体的に書くか、「○○株式会社の××より□□の申し込み」など挨拶を兼ねた件名を

<書き出し>
初メールである旨を最初に明記する
見知らぬ相手に「お世話になっております」は不適当。「初めてメールを差し上げます」など、初回の連絡であることを告げる

<自社紹介>
会社資料やURLを添付する
「○○を扱う会社です」と文中で説明してもよいが、会社案内を添付したりURLを書き添えたりすると、より分かりやすい

<事情説明>
理由と経緯を簡潔に説明する
「御社のホームページを拝見し……」など、どこから情報を得たかを書き、申し込みにいたった目的や経緯を説明

HPから初めての申し込みや注文をする際、見知らぬ相手からの突然のメールは、不審に思われ警戒されがち。きちんと自社紹介して素性を明かし、どんな経緯で申し込むにいたったかを分かりやすく説明するのが礼儀だ。

ただ、新規取引の申し入れなど、慎重に交渉を重ねたいときは、メールだけでは心もとない。電話と併用し、こまめに連絡を取って感触をつかみつつ、やり取りを進めるようにしよう。

「うちの素性を知ったら相手も安心でしょ」

「申し込み・注文」メールはこう書く

■例1:新規取引を申し入れます
先方のHPから興味を持ち、取引開始を申し込む

> 自社紹介のために、HPアドレスを添えて詳しい情報へ誘導する

件名: 株式会社××の○○と申します

突然のメールにて失礼いたします。

私は株式会社××の○○と申します。貴社のHPを興味深く拝見いたしました。

弊社では現在、□□に関する特許を複数持ち、サロン、美容室様向けの商品を多数販売しております。詳細につきましては、弊社HPをご覧いただけますと幸いに存じます。（http://www.0000000～）

つきましては貴社のエステティックサロンにて、ぜひ弊社の商品をお取り扱いいただきたく、メールを差し上げた次第でございます。

もしできましたら、詳細をご相談申し上げたいと存じますので、ご担当の方のご連絡先を教えていただきたくお願い申し上げます。

まずは取り急ぎ、ご挨拶まで。

> 担当者と連絡先を聞く

ポイント
感触を確かめるためにメールを活用
メールを送り、相手の出方をうかがう。後日、正式な文書のやり取りや打ち合わせをすることを考えて、担当者を尋ねておく

Eメール文書はこう作る

■例2：講座に申し込みます
インターネットで知った講座に参加を申し込む

件名：接客マナー講座への申し込み

株式会社△△コンサルティング御中

初めてメールを差し上げます。××株式会社の××と申します。

弊社では只今、社員全体のビジネスマナーの向上に力を注いでおります。貴社のホームページを拝見いたしまして、「接客マナー講座」に大変興味を持ちました。
つきましては、下記の通り参加させていただきたく、申し込みいたします。

記
希望日時：◎月×日（○曜日）00：00～
参加人数：5名

ホームページには先着50名までとありましたが、まだ定員に余裕はありますでしょうか。
お手数ながら、メールにてご返信いただけましたら幸いです。
以上

（申し込む理由を一言添える）

（講座や研修会への参加申し込みでは、人数を必ず明記する）

■例3:HPに掲載されている商品を注文します
ネットショップで商品を購入する

件名： ○○シリーズの注文

△△株式会社御中

さっそくですが、御社ホームページに掲載されております、○○シリーズにつきまして、下記の通り注文したいと存じます。

記
注文商品：○○シリーズ
　　　　　「01型」…10個
　　　　　「02型」…10個
　　　　　「03型」…20個
納品先：〒000-0000　○○県○○市××町○○○0-0-0
　　　　株式会社○○○　総務部（担当：○○）
支払方法：代金引換

誠に勝手ながら、今週末まで（○月×日着）にご納入いただきたく存じますが、それは可能でしょうか。
ご多用中恐縮ですが、ご検討の上、ご返事をお願い申し上げます。
以上

> 注文商品名と個数は分かりやすく整理する

> 納品先の住所は、署名に入っている場合でも、改めて書いたほうが丁寧

ポイント　申し込みの詳細と、懸念事項を記書きでまとめる
希望日時や商品名、個数など、申し込みの具体的な内容は、記書きでまとめる。また、定員の余裕や、納入期限など、懸念事項についても記書きの中で触れておく

Eメール文書はこう作る

●お礼メール
こまめに送ることで、相手に丁寧な印象を与える

軽いお礼を速やかに伝えたいときはメールを活用

お礼メールはこんなときに便利

お礼を言いたいが、相手がつかまらない
「次の機会にお礼を」と思っていながら、会う機会がなかったり、相手が多忙で電話でつかまらなかったりしたときに

<書き方のポイント>
電話をかけて不在だった場合は、「お電話差し上げましたがご不在とのこと……」と一言添えると、より丁寧な姿勢が伝わる

お世話になった一仕事の後に、一言お礼を言いたい
出張や打ち合わせで受けた厚意に対しては、こまめにお礼を。ハガキや封書だと仰々しくなってしまうときに

<書き方のポイント>
「あのときの○○では……」など、具体的なエピソードについての所感を交えると、より親しさがこもった文面になる

儀礼的なお礼は封書やハガキで出す

セミナーに招いた講師や取材相手など、改まってお礼を言いたい相手に対して送る場合は、メールでは失礼にあたる。ハガキや封書を使い、自筆で書くのが礼儀だ

好意を持って接してくれた相手には、こまめに感謝の意を伝えたい。しかし、封書で送ると改まった印象が強すぎ、電話で伝えるとなると忙しい相手を拘束してしまう可能性がある。
気軽に送れるうえ、相手も好きなときに確認できるメールが便利だ。一言だけの簡単なお礼でも、こまめに送ることで感謝の気持ちを伝え、丁寧な印象を与えるものだ。

170

「お礼」メールはこう書く

■例1:展示会への来場に対して
複数の顧客に、セールスを兼ねたお礼を送る

件名: 展示会ご来場ありがとうございました

展示会ご来場の皆様へ

本日はお忙しい中、弊社新発売の美容クリーム◎◎シリーズの展示会にご来場いただきまして、誠にありがとうございました。
皆様のご好評、アドバイスなど、大変ありがたく頂戴いたしました。お試しになられた方は、お肌の調子はいかがでしょうか。

◎◎は特に、弊社の化粧水△△と組み合わせて使うことで、より大きな効果が期待できるものです。次回ご来店の際は、ぜひお試しいただければ幸いです。

今後、◎◎につきましてご質問等ございましたら、どうぞお気軽にお問い合わせください。
まずはお礼まで。

ポイント：セールスも兼ねてお礼の気持ちを伝える
同時送信で、複数の人間に同じ文面のお礼を送る。他商品の情報を盛り込めば、セールスにもなる

他の商品について触れるときはさりげなくアピールする

Eメール文書はこう作る

■例2:打ち合わせのための来社に対して
足を運んでくれたことに対し、感謝を伝える

件名： 本日はありがとうございました

◎◎株式会社　○○様

お世話になっております。□□株式会社の□□です。

本日はご多忙中にもかかわらず、お運びいただきまして、誠にありがとうございました。○○様のご提案、大変興味深く拝聴しました。ご要望に迅速に対応できるよう努めて参ります。

今後とも変わらぬお引き立てのほどよろしくお願いいたします。

> 打ち合わせについて、前向きな感想を一言添える

■例3:画像資料を送ってもらったことに対して
無事到着の報告を兼ね、お礼を送る

ポイント
> タイミングが決め手。なるべく早くこまめに送る
> 日常の業務に対するちょっとしたお礼のメールは、「気配りができる人」という印象を与える

件名： ○○の画像を受け取りました

△△デザイン事務所　△△様

お世話になっております。株式会社××の××です。

ご多用中にもかかわらず、さっそく○○の画像をお送りいただきまして、誠にありがとうございました。確認いたしましたところ、4枚すべて問題ございませんでした。早急なご対応のおかげで印刷に間に合わせることができ、大変助かりました。

今後ともどうぞよろしくお願い申し上げます。取り急ぎお礼まで。

> 容量の大きい画像やファイルの場合、届かない等のトラブルも。到着報告を送ると親切

■例4:承諾の返信に対して
承諾に対するお礼と、打ち合わせの日時について返信する

件名: お返事をありがとうございました

○○株式会社　○○様

お世話になっております。××株式会社の××です。
新企画の件につきまして、さっそくご返事をいただきありがとうございました。

>謹んでお引き受けさせていただきます。
ありがとうございます。どうぞよろしくお願いいたします。

>来週でしたら、月曜日の午後もしくは火曜日の午前中にお伺いしたいのですが
月曜日の午後でお願いいたします。
お待ちしております。

ポイント: 相手のメールを引用し、対話形式でまとめる
返事をくれたことに対するお礼を書いた後は、相手のメールを上手に引用し、感謝の気持ちと今後の段取りについて伝える

返事に対するお礼を最初に書く

取引OKらしいぞ！次回の打ち合わせは月曜日だ！

＊Eメール文書はこう作る＊

● お詫びメール

感情を伝える難しさをわきまえ、言葉とタイミングを慎重に選ぶ

相手の気分を害しないよう段取りよく詫びる

注意！
メールは感情が伝わりにくい。こちらに言い分がある場合も、相手の感情を逆なでしないよう、お詫びの姿勢を示しつつ慎重に対応する

1 メールで苦情が来た
メールで来た苦情に対しては、とりあえずメールで返す。電話やファックス、封書で来たものに対してはメールで謝罪してはならない

2 お詫びのメールを返信する
言い訳がましくならない。こちらに非がある場合、はっきり認めて詫びる

3 状況を見て、電話や手紙などで補う
その後の状況を見て、電話や封書に切り替える。より誠意を伝えたいときは、足を運んで謝罪をする

メールは気軽に送ることができる分、軽率な印象を与えることがある。お詫びの文書でメールを使うときは、慎重にならなければならない。メールで来たクレームには、まずはメールで答えるが、相手の出方を見て、封書や電話、直接出向いての謝罪など、臨機応変に他のツールに切り替えよう。

「お詫び」メールはこう書く

■例1：納期が遅れたことに対して
事後処理が一段落してから、報告を兼ねて詫びる

件名： 納期遅延のお詫び

○○株式会社営業部　○○様

いつもお世話になっております。××株式会社の××です。

このたびは弊社の手違いから納期が遅れ、ご迷惑をおかけいたしまして、大変失礼いたしました。
ご注文の品は、先ほど最優先で手配させていただきましたので、明日の正午までにはお届けできると存じます。明日担当者がお詫びにあがりますので、ご面会いただけましたら誠に幸いに存じます。

改めまして、大変申し訳ございませんでした。

改めてお詫びの言葉で締めくくる

ポイント
まず電話で詫び、状況報告としてメールを送る
メールでのやり取りは、事態が一段落してから。経過を報告し、担当者が出向く旨を伝える

■例2：席をはずしていたことに対して
不在を詫び、訪問の理由を尋ねる

> 用件を軽く尋ねてみる

件名： 不在で失礼いたしました

○○株式会社　○○様

毎々お世話になっております。××株式会社の××です。

本日、せっかく弊社にお寄りいただきましたのに、あいにく不在にしておりまして、失礼いたしました。
何かご用の向きでしたでしょうか。
もしよろしければ私のほうからお伺いいたしますので、ご連絡いただけましたら幸いです。

ポイント　突然の訪問に対する場合は、仰々しく詫びる必要はない
約束を破ったわけではないので、軽く詫びるにとどめ、訪問意図を尋ねる

「専務の留守中に○○さんが訪ねてこられました」

■例3:注文メールに対応できません
注文へのお礼を述べ、対応できないことを謝る

件名： ご注文商品完売のご連絡

> 日頃の愛顧と注文に対しての感謝を先に書く

△△△様

平素は格別のご厚誼を賜り、誠にありがとうございます。
また、このたびは「○○」をご注文いただき、ありがとうございました。

誠に恐縮ですが、こちらの「○○」は大変ご好評につき、ショップ、通信販売共に完売し、メーカーにも在庫がない状況でございます。

ご希望に沿えず大変申し訳ございません。なにとぞご了承いただき、今後もお引き立てくださいますようお願い申し上げます。

■例4:商品破損の苦情メールに対して
問題が解決してから謝罪を改めて送信する

ポイント　丁寧な挨拶から入り誠意ある態度を示す
顧客相手にお詫びのメールを送る場合は、丁寧な挨拶から入って、真摯な態度をアピールする

件名： 商品破損のお詫びと現状報告

○○○様

毎々お引き立ていただきありがとうございます。

このたびは、商品破損のご迷惑をおかけし、誠に申し訳ございませんでした。
破損原因を一両日中に解明し、迅速に解決させていただきたいと存じます。

同じミスを繰り返さぬよう、今後は細心の注意を払い商品をお届けする所存です。
どうぞこれに懲りず、引き続きお引き立てくださいますようお願い申し上げます。

Eメール文書はこう作る

●催促・苦情メール
注意を促す程度のものなど、軽い催促には効果的

メールでの催促や苦情は、初期段階でのみ有効

1. 電話で一報を入れ様子をうかがう
突然メールを送ることは、相手にぶしつけな印象を与える。電話で「あの件どうなりましたか？」と尋ねて、様子を見る

2. メールでの念押しは初期の段階に限る
大ごとに発展していない段階で、会社宛てではなく担当者宛てに注意を促す程度のものであれば、メールでも可

誠意ある対応が見られない

3. 封書に切り替え強い態度を示す
善処が見られず、強い態度を示したいときは、相手に緊迫感を伝えるために、会社宛てに封書で出す

封書と同様に、メールも証拠となる場合がある
訴訟になったとき、Eメールは証拠にならないと思われがちだが、作成・送信がきちんと証明できれば、証拠として認められる場合もある。記入ミスのないよう、慎重に作成しよう

催促や苦情のメールは、対応を急ぐ場合は、電話との併用である再三の催促である場合や、その後会社間の訴訟に発展する可能性があるといった状況での催促や苦情では、証拠として採用されやすい封書のほうがふさわしい。

逆に、軽く注意を促す場合や、封書で送るのが大袈裟すぎて相手の気分を害する恐れがある場合は、メールで送るのが適当だ。

「催促・苦情」のメールはこう書く

■例1：お願いした資料が届きません
貸し出しを依頼した資料の未着を知らせ、確認を求める

件名： △△についての資料をお待ちしております

有限会社◎◎　○○様

お世話になっております。××株式会社の××です。

さて、×月×日付のメールにて、△△についての資料をお送りいただくようご依頼いたしましたが、まだ拝見しておりません。いかがなりましたでしょうか。

ご多忙のことと存じますが、早急にご送付くださいますようお願いいたします。

> 相手が確認しやすいよう、いつ送ったメールかを書いておく

> その後の経過を軽く尋ねる程度にとどめておく

ポイント

非難は禁物。経過を聞いてお願いするにとどめる
相手のミスを強く非難するのは禁物。感情的にならないようにし、お願いする形で状況の改善を

> 2週間も前にお願いしたのに未着なんですよ

Eメール文書はこう作る

■例2:請求金額が間違っています
請求金額の誤りを、根拠を挙げて指摘する

件名： 請求金額のご確認をお願いします

◎◎株式会社　○○様

お世話になっております。××株式会社の××です。

×月×日付にて○○の代金請求書をいただきましたが、請求金額に誤りが見られました。
恐れ入りますが、注文数をお間違えになられているのではないでしょうか。
注文時に、注文確認としてそちらからお送りいただいたメールを添付いたしましたので、今一度お調べのうえ、ご訂正くださいますようお願い申し上げます。
以下、お送りいただいた文面です。
＞＞＞＞＞＞＞＞＞＞＞＞＞＞＞＞＞＞＞＞＞＞＞＞＞＞

-----Original Message-----
From: ◎◎株式会社　○○
To: 000000@0000.co.jp
Sent: Friday, January 00, 0000 00:00 PM
Subject: ご注文内容のご確認

××株式会社　××様

お世話になっております。
このたびは、「○○」をご注文いただきまして、誠にありがとうございます。
ご注文内容につき、下記でお間違いないかご確認いただけますでしょうか。
記
「○○」(レッド)　　250点
……

> 相手から送られてきたメールを添付する。文面だけでなく日付や件名もそのまま残しておく

ポイント

相手が確認しやすいよう、注文時のメールを添付する
間違いを指摘するときは、根拠となるものを日付入りで添付すると、相手も確認しやすい

■例3:商品を至急再送してください
セット商品の不足を伝え、再送をお願いする

件名： 「△△」不足数通知と再送のお願い

株式会社○○　××様

お世話になっております。□□ショップの○○です。

先ほどお電話で申し上げました、販促グッズセット「△△」の件で、不足アイテムの名前と個数を添付ファイルにまとめましたので、ご確認のほどお願い申し上げます。

なお、お忙しいところ誠に恐縮ではございますが、至急10セットを再送くださいますようお願い申し上げます。

> アイテム名や個数など細かい情報は、添付ファイルにまとめる

ポイント
まずは電話で一報を入れてからメールを送る
至急対応してほしいものは、まず電話で一報し、数量の確認などを兼ねたメールを後で送る

Eメール文書はこう作る

●社内メール（報告・通知メール）
手軽に連絡が取れることで、タテヨコの連携がスムーズに

通知から報告まで社内のやり取り全般に活躍

部下・同僚への連絡

「ちょっと在庫を調べてくれよ」

照会や通知業務をスムーズに進める
在庫の問い合わせや、会議の通知など、他部署と連携を取りたいときに活用する。急用では、内線電話と併用し、早くメールを見るよう促す

上司への報告

「なかなかよくできた報告書じゃないか」

議事録、報告書を素早く簡単に提出
パソコンで作成する簡単な議事録や報告書などを速やかに提出したい場合に活用。本文は簡潔にし、詳細は添付ファイルにまとめる

相手の作業状況に配慮し、丁寧な言い回しを

社内宛てとはいえ、相手の状況を考える心配りは大切。特にちょっとした頼みごとや回答が必要な連絡などでは、無理な期限でお願いすることのないよう注意する

社内連絡は、内線電話を使うことが多い。しかし多数で情報を共有したいときや、数字を確実に伝えたいなどには、メールが便利だ。相手の時間を拘束せず、ちょっとした事柄についてやり取りできるため、連絡網が密になるという利点もある。

社内宛てのメールも、社外宛てと基本は同じ。細かい説明や報告は添付ファイルを利用し、短くまとめよう。

182

「報告・連絡」メールはこう書く

■例1：会議の予定をお知らせします
会議の日程を知らせ、資料を渡しておく

件名：廃棄物回収プロジェクト推進会議について

担当者各位

「第3回　廃棄物回収プロジェクト推進会議」を下記のとおり開催します。

記
日時：×月×日（×）　×時×分～×時
場所：本社第2会議室
テーマ：回収にかかるコスト削減のための解決案について
添付ファイル：年度別コストとその内訳に関する資料

各自、添付の資料を確認のうえ、ご出席ください。
なお、新しく資料を提出される方は、〇日までに第2営業部〇〇までメールにてお送りください。
以上

担当：第2営業部〇〇（内線番号0000-0000）

ポイント

資料を事前にやり取りし、会議の進行をスムーズにする
進行が混乱することのないよう、あらかじめ資料を配り、新しい提案についても把握しておく

内線での問い合わせに備え、担当者と内線番号を明記

Eメール文書はこう作る

■例2:出張先から経過を報告します
出張先での状況を仮報告する

件名： 東京出張1日目受注の報告

××課長

本日、△△産業と□□事務所を訪問し、下記の通り受注しましたので、報告します。

・△△産業：コピー機6台（納期　×月×日）
・□□事務所：プリンター3台（納期　×月△日）

なお、△△産業より共同開発の提案がありましたので、企画書を添付ファイルにてお送りします。ご確認をお願いします。△△産業では、共同開発に向けて新たなチームを立ち上げるなど、意欲的な姿勢が感じられました。

詳細は、社に戻りまして改めて報告します。

> 所感を付け加え、状況を分かりやすく伝える

ポイント 出張の成果が一目で分かるように書く
途中経過を具体的な数字を使って伝える。箇条書きで簡潔にまとめると分かりやすい

■例3:都合のいい日を教えてください
スケジュール調整のために返信を求める

件名: 部内打ち上げ日程の調整について

広報部の皆様へ

このたび、広報部が立ち上げよりかかわった「○○プロジェクト」が無事終了しましたことを機会に、皆様のご参加を得て、打ち上げ交流会を開催します。開催場所は◎◎屋(住所:～、電話:～、URL:～)、会費は4000円です。

つきましてはご出欠と、開催希望日(下記より選択)を、×月×日までに幹事の○○まで連絡ください。

****
<開催日候補>
1. ×月○日(木)
2. 　　◎日(金)
3. 　　△日(月)
　(時間はいずれの場合も、19:00～となります)
****

ポイント：メインとなる情報を罫線で見やすくまとめる
開催候補日を、箇条書きにして整理する。罫線で区切るとさらに見やすくなる

URLを添付して、会場のアクセス方法や詳細を確認できるようにしておく

商品の売買や賃貸契約などでは、相手との意思疎通がうまくいかないことで、トラブルが起こる場合も。法律に基づいて作成した文書が、トラブルの防止、解決に役立つ

第6章

「法律文書」でビジネストラブルを回避する

法律文書作成のルール

● 法律文書の目的と作成ポイント

正しい法律用語を適切に使い、トラブルを回避、解決する

法的な力を持たせるためには用語の使用と日付に注意

□ **法律用語の使用**
用語の使い方を把握して正しく使用
法律用語には、特別に定められた読み方や意味がある。あらかじめ用語解説書などに目を通し、使い方を把握しておかなければならない

□ **年月日の記載**
作成年月日を記載する
契約の成立時期を明確にするために、日付は必須

□ **署名または記名と捺印**
文書が誰の意思表示かを明らかにする
文書が誰の意思で作成されたものかを明示する。自筆の署名が望ましいが、押印があれば記名（印字）も可

普段はあまり意識することのない法律文書。ビジネス上のトラブルを防止、解決するために作成され、最もよく登場するものに契約書がある。

書式についての規定はないが、法的な力を持たせるために必ず盛り込まなければならない項目があるので注意する。また、契約内容を明解にするために、無駄を省き曖昧な表現を避けることが大切だ。

控えを必ず保管しておこう

188

一般に使用される押印方法は6種類 正しく使い分ける

正しい押印がなければ、文書は法的な力を失ってしまう場合もある。
署名とともに押す「印」（P.31を参照）の他、以下の5種類がある。

・複数枚にわたる契約書について 一体のものであると示す

契印

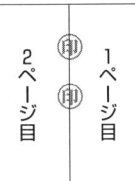

複数枚をホチキスなどでとめ、見開きのつなぎ目に印影がまたがるように押す。必ずすべての見開きに、当事者双方が押さなければならない。

・複数枚の独立した文書について 関連性を示す

割印

契約書とそれに関連する別文書を、上下に少しずらして重ね、印影がまたがるように押す。

・文書中の誤った文字を訂正する ときに使う

訂正印

訂正方法と押し方は2種類。訂正箇所に二重線を引き、上部に正しい文字を記入して押印する場合（上）と、正しい文字を入れ、欄外余白に削除と加入の文字数を記載して押印する場合（下）がある。

・書面に添付された印紙の再使用 を防ぐ

消印

契約書と、契約書に貼られた収入印紙にまたがって押す。税法上の義務のため、押し忘れても契約効力には関係はない。サインなどで代用可。

・提出後の文字訂正にそなえて押 しておく

捨印

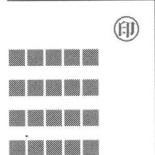

後々訂正が必要になった場合にそなえ、契約書の余白に押しておく。相手が悪用して契約書を書き換える可能性もあるためむやみに押さない。

第6章 「法律文書」でビジネストラブルを回避する

法律文書作成のルール

●公正証書と内容証明郵便の活用

トラブルが想定される場合は、第三者の証明を得ておく

●公証人が文書の成立を証明
公正証書

公正証書とは、法務大臣が認定した公証人資格を持つ者が、当事者の申し立てに基づき作成するもの。当事者の作った私文書より、証明力が強い

- 金銭消費貸借
- 賃貸借契約
- 売買契約
- 請負契約

などに活躍する

「公正証書を作成しよう」

債務者 — 双方が証書の作成に合意する — 債権者

申請時に必要なもの（当事者が法人である場合）
- 契約の内容が分かるもの（契約書がなければ、主要な点をメモしたものでもよい）
- 法務局届出代表者印
- 会社代表者の印鑑証明書
- 資格証明書（商業登記簿謄本または、代表者事項証明書）

代理人が行く場合は、「代理人の印鑑」と「印鑑証明書」も合わせて持参する

↓ 提出

公証役場

↓

公証人が公正証書を作成する

後々のトラブルにそなえ、文書の内容や日付を確実に証明しておきたい場合は、公正証書や内容証明郵便を利用する。

公正証書は、公証人が作ることで当事者が作る私文書より証明力が強くなるもの。内容証明郵便は、文書の存在を郵便局が証明するもので、契約解除など意思表示が相手に到達したことと、その日付が重要となる文書を作るときに役立つ。

● 郵便局が文書の内容、成立日を証明

内容証明郵便

内容証明郵便とは、「誰が・誰に・いつ・どんな内容の書類を出したのか」を郵便局が証明するもの。内容に間違いがないかよく吟味する

- ・契約の解除
- ・借金返済の催促
- ・債権の譲渡の債務者への通知

に活躍する

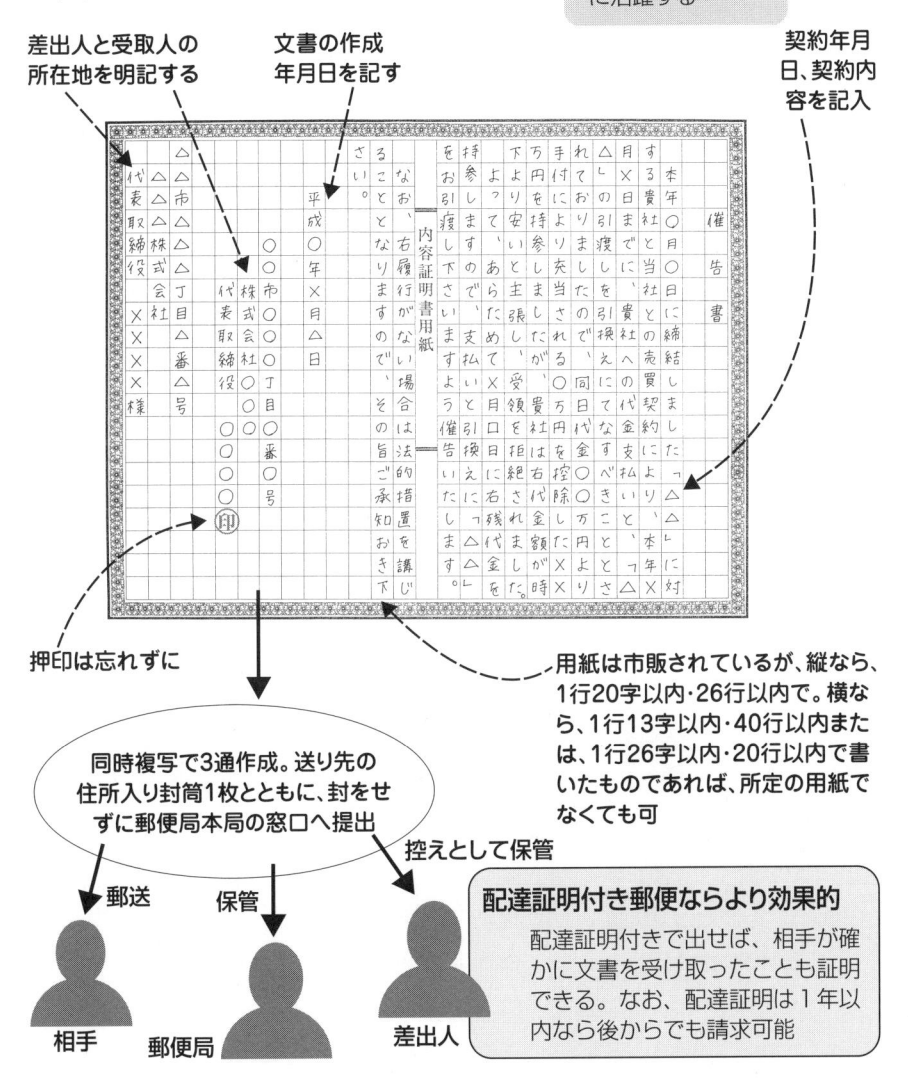

差出人と受取人の所在地を明記する

文書の作成年月日を記す

契約年月日、契約内容を記入

押印は忘れずに

用紙は市販されているが、縦なら、1行20字以内・26行以内で。横なら、1行13字以内・40行以内または、1行26字以内・20行以内で書いたものであれば、所定の用紙でなくても可

同時複写で3通作成。送り先の住所入り封筒1枚とともに、封をせずに郵便局本局の窓口へ提出

- 郵送 → 相手
- 保管 → 郵便局
- 控えとして保管 → 差出人

配達証明付き郵便ならより効果的

配達証明付きで出せば、相手が確かに文書を受け取ったことも証明できる。なお、配達証明は1年以内なら後からでも請求可能

＊法律文書はこう作る＊

● 契約を取り交わす

簡潔明瞭を心がけ、必須項目の漏れに注意する

1 表題（タイトル）

一目で内容が分かるよう簡潔に付ける

表題がなくても効力に影響はないが、内容を反映した分かりやすいタイトルをつけておくと、後々文書を管理するのに便利だ

2 前文

契約の目的を前置きとして整理

当事者の表示方法（○○を甲とし、□□を乙とするなど）や、契約文書の狙いを要約して書く。省略し、そのまま第1条に入っても可

3 目的条項

契約の趣旨を具体的に記す

この文書で書く契約の趣旨や目的が何であるのかを、具体的に記述する。前文の中に盛り込んでしまうこともある

法律で定められた特別な場合を除き、契約書の作成に制約はない。

しかし、当事者がそれぞれ取得する権利や負担する義務の内容については、文書中で明確にしておく必要がある。

また、契約によっては法の規定により、契約書に改めて記載しなくてもよい事柄もあるが、その場合も明文化しておいたほうが安心だ。

> それでは双方、契約書にサインをお願いします

5 契約の内容

契約の中心となる事柄から順番に書く

どんな債権が発生しているか、どんな債務を負うかなどを詳しく書く。契約の核となる事柄から、順に記載する

6 後文

合意した旨と作成通数を記載する

合意の旨を書き、「本契約を証するため本書○通を作成し、各自署名押印の上各1通を保持する」で結ぶ

7 作成年月日

実際に契約書を作成した日を記す

文書作成日を記入。契約成立日を証明したい場合は、公証役場で確定日付を取る

8 当事者の署名押印

住所と名前を記入し、押印する

法人の場合は、本店住所と商号を記載し、代表者が記名押印をする

4 収入印紙

文書の内容により金額が変わる

請負契約書や不動産に関する契約書など契約の種類によっては、印紙税法で定められた額の収入印紙を貼付する

○○○○○契約書

第1条（○○○の目的）
第2条
第3条

平成○年◎月×日

甲　東京都■■■■■■
　　株式会社■■■■
　　　　　■■■■㊞

乙　東京都■■■■■■
　　株式会社■■■■
　　　　　■■■■㊞

193

法律文書はこう作る

契約の文書はこう書く

■例1：商品を売買する（商品売買契約書）

1回限りの場合でも長期にわたる場合でも、売買契約書を作成することがある。売買の対象となる商品を特定し、支払い方法まで細かく取り決めておく

商品売買契約書

売主○○株式会社（以下、「甲」という）と買主××株式会社（以下、「乙」という）は、次の通り売買契約を締結する。

第1条（売買の目的）甲は、その所有する下記の物品（以下、「本件物件」という）を乙に売り渡すことを約し、乙はこれを買い受けることをその目的とする。

2　目的となる物品は次の通りとする。

品名　　足ツボマッサージ器具・つぼりん

品番　　111-1111

数量　　8個

> 目的物の内容は、箇条書きにまとめて分かりやすくする

第2条（物件の引渡方法）甲と乙との商品引き渡しは、平成×年×月×日限り、乙の本社営業所においてなすものとする。

第3条（単価および売買代金の総額）本件物件の単価は金○○○円とする。売買代金は、総額金○○万円とする。

第4条（売買代金支払方法）売買代金は、平成×年×月×日限り、引き渡しと同時に現金にて支払うものとする。

> 現金払いか、振込みか、など細かく取り決めておく

第5条（契約解除）当事者の一方が本契約の条項に違反した場合は、契約を解除することができる。

第6条（双方の協議）本契約に定めのない事項については、甲乙協議の上、定めるものとする。

以上、売買契約の成立を証するため、本契約書を二通作成し、甲乙記名押印の上、各一通を保有することとする。

平成×年×月×日

売主（甲）△△県●●市○○○0-0-0
〇〇株式会社
代表取締役　■■■■　㊞

買主（乙）△△県○○市△△0-0-0
××株式会社
代表取締役　□□□□　㊞

ポイント

商品の特定から引き渡し方法まで細部を詳しく取り決める
商品の特定、引き渡し場所、代金支払い方法など細かい事項は特に、記載漏れがないよう注意

当事者の住所、氏名を明記し押印

注文書から納品書まで 取引に関わる文書は契約の証拠として保管する

万一契約が不履行になり裁判に発展した場合、注文書や納品書を証拠として利用することができる。大切に保管しておかなければならない

取引の証拠となる文書

注文するとき　注文書　目的物を特定し、相手に申し込む

注文請書　注文書を受け取ったことを証明する

納品するとき
納品書＆受領書　納品を通知し、商品を受け取ったことの確認を相手に求める

サイン入り受領書　引き渡しを受けたことを証明する

＊法律文書はこう作る＊

■例2:他社に業務をお願いする（業務委託契約書）

駐車場管理や経理、清掃など、ある特定の業務を外部に委託したり、お互いに得意な分野で業務提携をしたりするときに取り交わす

業務委託契約書

委託者○○○株式会社（以下「甲」という）は、受託者△△株式会社（以下「乙」という）に対し、次の通り業務の委託契約を締結する。

第1条（本契約の目的）本契約は、甲が乙に対し第2条に記した業務を委託し、乙がこれを引き受けることを目的とする。

第2条（委託業務の内容）委託業務は、以下の範囲における清掃業務とする。

　　○○○○株式会社　本社A棟　1～10階フロア
　　　　　　　　　　本社B棟　会議室12室

2　業務に必要となる器材等は、すべて乙が用意するものとする。

第3条（委託期間）委託期間は、平成○年△月×日から平成○年◎月×日までとする。ただし、期間満了に際し当事者協議のうえ更新ができる。

第4条（委託料支払方法）委託料は、月額金○○万円とし、甲は乙に対し、翌月の10日までに当月の委託料を、乙指定の銀行口座に送金することとする。

第5条（報告義務）乙は、甲が要求するときはいつでも、委託された業務に関して、その情報を報告しなければならない。

第6条（秘密保持）乙は、本契約に関して知りえた内容を一切、第三者に開示または漏洩してはならない。

2　前項については、本契約有効期間中のみならず、本契約終了後も甲の事前の承諾を得ることなく、第三者に漏洩しないものとする。

3　乙がこれに違反したときは、甲は何らの催告もせずただちに本契約を解除することができる。

4　前項の場合においては、甲は被った損害の賠償を請求することがで

（委託する業務の範囲と内容を詳しく取り決めておく）

（委託する期間を明確にする）

（秘密保持と、それに違反した場合の賠償請求について記載）

きる。
第7条（合意管轄）本契約から発生する一切の紛争の第一審の管轄裁判所を、甲の住所地を管轄する裁判所とする。
第8条（協議）本契約に定めのない事項については、甲乙協議のうえ、別途、定めるものとする。

　契約成立の証として、本書を二通作成し、甲乙記名押印のうえ、各一通を保有することとする。

平成〇年◎月△日

　　　　　　　　　　　　委託者（甲）〇〇県△△市××0-0-0
　　　　　　　　　　　　　　　　　　□□産業株式会社
　　　　　　　　　　　　　　　代表取締役　△△△△　㊞

　　　　　　　　　　　　受託者（乙）〇〇県■■市〇〇〇0-0-0
　　　　　　　　　　　　　　　　　　株式会社▼▼▼
　　　　　　　　　　　　　　　代表取締役　■■■■　㊞

ポイント

秘密保持と、仕事をどこまで任せるかをしっかり定める

委託業務範囲は、細かく定める。また、密接した関係になるため、秘密保持の取り決めは必須

> このフロア、掃除が大変なんだよね

> 大丈夫！来月から、業者の人に委託するらしいよ

法律文書はこう作る

■例3：金銭の貸し借りをする（金銭消費貸借契約書）

借主が借り受ける金額や利息を定め、返済のために、期限や支払い方法を取り決める契約。金融機関から事業資金を借りるときなどに用いられる

金銭消費貸借契約書

　貸主・株式会社◯◯◯（以下、「甲」という）と、借主・株式会社□□□（以下、「乙」という）及び連帯保証人××産業株式会社（以下、「丙」という）とは、本日次の通り契約を締結する。

第1条（貸借）甲は、平成◯年◯月◯日金◯◯◯円を貸し渡し、乙はこれを受領した。

第2条（借入内容）

1　弁済期　平成×年×月×日

2　利息　年◯◯％（年365日の日割計算）　◀ ⋯⋯ **利息は利息制限法に基づいて決定する**

3　利息支払時期　毎月末日

4　損害金　乙がこの約定による債務を履行しなかったときは、支払うべき金額に対して年◯◯％の割合（年365日の日割計算）の損害金を甲に対して支払う。

第3条（期限の利益の喪失）乙について次の各号の事由が一つでも生じた場合には、甲からの通知催告などがなくても乙は期限の利益を失い、直ちに元利金残金全額を返済する。

1　この約定による債務を履行しなかったとき

2　支払の停止、破産手続開始、民事再生手続開始、会社更生手続開始、会社整理開始もしくは特別清算開始の申立てがあったとき

3　手形交換所の取引停止処分を受けたとき

4　他の債権者から強制執行、保全処分を受けたとき

5　その他本契約に違反したとき

第4条（公正証書の作成）乙（及び丙）は、甲の請求があるときは、直ちにこの約定による債務について、強制執行認諾条項付き公正証書を作成するために必要な手続をおこなうこととする。また、このために

要した費用は乙が負担する。

第5条（連帯保証）丙は、乙がこの約定によって負担する一切の債務について、乙と連帯して債務を負うものとする。

　この契約を証するため、本書三通を作成し、甲、乙及び丙は署名押印して、各自一通を保有するものとする。

平成○年×月×日

　　　　　　　　　　　　貸主（甲）○○県△△市××0-0-0
　　　　　　　　　　　　　　　　　株式会社○○○
　　　　　　　　　　　　　　代表取締役　△△△△　㊞

　　　　　　　　　　　　借主（乙）○○県××市■■0-0-0
　　　　　　　　　　　　　　　　　株式会社□□□
　　　　　　　　　　　　　　代表取締役　□□□□　㊞

　　　　　　　　　　　　連帯保証人（丙）○○県××市▼▼0-0-0
　　　　　　　　　　　　　　　　　××産業株式会社
　　　　　　　　　　　　　　　　　○○○○　㊞

> 連帯保証人の負う責任について明記する

ポイント
連帯保証契約書を別途作成しておいてもよい
契約書の作成と同時に、「連帯保証契約書」を作成しておくとより確実

高額な利息を定めると契約は無効になる

利息は利息制限法によって上限が定められており、それを法外に超えると、契約が無効となる場合もある。また、利息を具体的に決めていないときは、商事取引で年6％、民事取引で年5％を支払うことになる

＊法律文書はこう作る＊

■例4：事務所の賃貸借を契約する
ビルの一室の賃貸借も、借地借家法の適用を受ける。契約の更新や敷金などの取り決めも、それに従って作成しなければならない

事務所賃貸借契約書

　株式会社××不動産（以下「甲」という）と、○○工業株式会社（以下「乙」という）は、甲の所有にかかる建物の賃貸借について、以下の通り契約する。

第1条（契約の目的）甲は、乙に対し、下記建物（以下「本件建物」という）を次条以下の条件で賃貸し、乙はこれを賃借することをその目的とする。

記

所在地　　○○県××市△△0丁目0番地0号
　　　　　鉄筋コンクリート造り8階建て（○○○ビル）
　　　　　7階702号室（○○平方メートル）

＞ 物件の詳細は、箇条書きで分かりやすく

第2条（使用目的）乙は、本件建物を業務のための事務所としてのみ使用することとし、その他の目的のために、本件建物を使用してはならない。

2　乙は、本件建物を現状のまま使用するものとする。ただし事前に甲の許可を得た場合を除く。

第3条（賃料とその支払方法）賃料は月額○○万円とし、毎月○日に当月分の賃料を甲指定の銀行口座に振込んで支払うものとする。

第4条（契約期間）契約期間は、平成○年×月×日から平成◎年×月×日までの2年間とする。

2　期間満了後は甲乙協議のうえ、契約を更新できる。

＞ 契約期間を明確にしておく

第5条（保証金）甲および乙は、乙が保証金として金○○○万円を、本契約成立と同時に甲に預け入れたことをここに確認する。

2　当該保証金には利息は付さないこととする。

3　保証金は、本契約が終了し本件建物が乙から甲に明け渡された時点で、金△△万円を償却したうえで、残額を甲から乙に返還するものとする。

＞ 事務所や店舗などの賃貸では保証金が差し入れられる

200

第6条（禁止事項）乙は、以下の事由について禁止する。下記の一に該当した場合、甲に損害を生じたときは、乙は相当額の賠償をおこなうこととする。
・本件建物の権利を第三者に譲渡したり、転貸をすること

第7条（契約の解除）甲は、乙に次の各号の一に該当する事由が発生したときは、本契約を解除することができる。
①賃料の支払いを○ヵ月以上怠ったとき
②第6条に違反したとき

第8条（解約申し入れ）乙が契約期間中に本契約を解除しようとするときは、乙はその3ヵ月前までに甲に対しその旨を書面にて通知するものとする。ただし、乙が賃料の3ヵ月分を即時に支払うときは、本契約を直ちに解除できるものとする。

第9条（合意管轄）本契約につき、当事者の権利関係に紛争が生じたときは、甲の住所地の管轄裁判所を第一審裁判所とすることを、甲乙双方が合意する。

第10条（双方協議）当契約条項に定めなき事由が生じた場合には、甲乙双方が協議のうえ、別途、これを定めることとする。

本契約が成立したことを証するために、本書を二通作成し、甲乙双方が各一通ずつ保有することとする。

平成○年○月×日

（甲）○○県○○市△△0丁目0番地0号
株式会社××不動産
代表取締役　■■■■　㊞

（乙）○○県××市◎◎◎0丁目0番地0号
○○工業株式会社
代表取締役　△△△△　㊞

ポイント

解約時のことについて
詳細を取り決める

解約時のトラブルを避けるために、契約期間や解約手続きについて細かく定めておく

法律文書はこう作る

■例5:相殺について契約を取り交わす

相殺とは、債務者に対しこちらも同種の債務を有している場合、差し引き清算で双方の債権を消滅させること。相殺を実行するときは相殺通知を出す

相殺契約書

　株式会社○○○（以下、「甲」という）と▲▲産業株式会社（以下、「乙」という）は、相互に有する債権債務の相殺に関し、以下の通り契約する。

第1条（甲の債務）甲は乙に対し、平成○年×月×日に、両当事者間で締結した○○契約に基づき、平成○年○月○日現在、下記の債務を有していることを確認する。

買掛金債務　金○○○○○○円

第2条（乙の債務）乙は甲に対し、平成○年△月▲日に、両当事者間で締結した×××契約に基づき、平成○年○月○日現在、下記の債務を有していることを確認する。

買掛金債務　金○○○○○○円

第3条（相殺合意）甲および乙は、前2条に掲げる各債権債務につき、期限の利益を放棄し、本契約締結の日をもって対等額につき相殺することを合意する。

第4条（相殺通知書）甲および乙は、本契約に基づく相殺通知書を、配達証明付き内容証明郵便で送付することにより、未然に紛争を回避することにつとめる。

　以上、相殺契約の成立を証するため、本書二通を作成し、各自一通を保管するものとする。

平成○年○月○日

甲　○○県××市▲▲0丁目0番0号
　　株式会社○○○
　　代表取締役　○○○○　㊞

> 双方の債務の内容を明確にする

> 相殺の実行にあたっては、一方が他方へ相殺の意思を通知する文書を出す

202

乙　○○県△△市○○0丁目0番0号
　▲▲産業株式会社
　代表取締役　■■■■　㊞

ポイント

**当事者間の債権債務を分かりやすく
まとめ、相殺分を明らかにする**

相殺契約は、互いの債務を簡単かつ迅速に整理するためのもの。明確にまとめよう

■例6：損害賠償請求の交渉を委任する（委任状）

本来自分がおこなうべき法律的行為を、何らかの事情で他人に代行してもらう場合、委任する内容を明記した委任状が必要となる

委任状

当社は、○○県××市▲▲0丁目0番0号弁護士○○○○氏を代理人と定め、下記の事項を委任いたします。

1　株式会社×××と当社間における、平成○年×月×日発生の業務用ロボット破損について、示談交渉をする一切の件
2　示談成立の場合は弁償金を受領する件
3　復代理人選任の件
　上記委任状に押印します。

平成×年×月×日

○○県××市◎◎町0丁目0番0号
○○株式会社
代表取締役　▲▲▲▲　㊞

賠償の内容は簡潔にまとめる

ポイント

**内容が込み入っているときは
契約書の写しを添える**

委任する内容が込み入っている場合は、資料として契約書等の写しを添付する

法律文書はこう作る

債権が果たされないときは
損害賠償、契約解除の意思を表示する

●損害賠償を請求する（損害賠償請求書）
契約による債務が履行されなかったことにより、被った不利益を償ってもらう

損害賠償請求書

拝啓　時下ますますご繁栄のこととお喜び申し上げます。

　さて、平成×年×月×日付の「△△契約書」にて、貴社より婦人用マッサージ器「〇〇〇」200個を、平成×年×月〇日までに納品いただくことをお約束いただいておりました。しかし貴社は、上記期日までに指定品の納入をおこなわず、期日を過ぎた×月△日の納入となりました。

　その納期遅延により、当社は××スーパーマーケットに対し、違約金として金××万円を支払わなければならず、このため当社は、上記違約金相当額の損害を被りました。

　よって、当社は貴社に対し、貴社の債務不履行の損害賠償として、本状到着後×日間に、上記額××万円を当社指定の銀行への振込みにて支払うことをご請求申し上げます。

敬具

▶ 自社が被った被害金額を記す

ポイント　債務が履行されなかった事実と、それによる損害をはっきり書く
債務が履行されなかったことによってどんな不利益を被ったかを、論理的に明確に書く

●契約解除を通知する
債務の履行を催告し、条件付きで契約解除を通知する

通知書

　当社は貴社との間で、平成×年×月×日付で、当社製品「○○○」100個を、代金××万円にてご購入いただく旨の売買契約（以下、「本件契約」という）を締結しました。当社は、すでに平成×年×月×日に、上記商品を引き渡しております。

　しかしながら、本件契約で取り決めた支払期日である平成×年×月×日を過ぎても代金のお支払いを確認できず、その後平成×年×月○日付催告書により代金のお支払いを請求いたしました。しかしながら未だにお支払いがございません。

　ついては、平成×年×月△日までに、お支払いいただきますよう、改めてご請求申し上げます。

　もし、上記期間内にお支払いなきときは、あらためて契約解除の通知をなさず、上記期間の経過をもって、本件契約を解除いたします。

敬具

平成×年×月×日

○○県××市△△0-0-0
××株式会社
代表取締役　○○○○　㊞

○○県○○市××0-0-0
◎◎カンパニー
代表取締役　■■■■　殿

> 履行期を改めて記す

> 催告ののちも履行されなかった場合、解除に踏み切れる

ポイント：催告をおこなったが債務が履行されなかった事実を書く
不履行を理由とした契約解除は、原則として、期間を定めて履行を催告した後でなければならない

●取材協力

伊藤友美 (司法書士事務所イトーリーガル所長　東京司法書士会 簡裁訴訟代理関係業務認定会員)
東京都港区芝4-3-2-310号
TEL03-5730-6777

●

参考文献　以下の本を参考にさせていただきました。ありがとうございます。
『新しい民法がわかる本』加藤晋介監修(成美堂出版)
『一発変換　大人のマナー　敬語の便利帳』知的生活研究所著(青春出版社)
『改訂新版　すぐに役立つ契約のしくみとケース別実践文例40』高橋裕次郎監修(三修社)
『これで納得！　契約書のつくり方』寺村淳著(総合法令出版)
『実用手紙・文書の書き方辞典』平田毅彦監修(学習研究社)
『実用ハンドブック　ビジネス文書マニュアル』ビジネス・スキル研究会編著(小学館)
『社内・社外文書 書き出し事典』堀江恵治著(ぱる出版)
『社内・社外文書の書き方』清水保著(池田書店)
『新編　文書・諸届け・メール実例事典』(主婦と生活社)
『図解　暮らしに役立つ民法』付岡透監修(ナツメ社)
『【図解と書式】ビジネスで活かせる契約書式文例集』芥川基著(弘文堂)
『すぐに役立つ　文書の書き方』島田治著(高橋書店)
『達人ブックス35　新版・これでカンペキ！　誰でも書けるビジネス文書』中川路亜紀著(ダイヤモンド社)
『【手紙・ハガキ・FAX・メール・一筆箋】[ビジネス文書]書き方・使い方必携マニュアル』國分浩太郎監修(大和出版)
『手紙・はがき・文書文例大事典』(主婦の友社)
『ビジネスに役立つ　文書と手紙の手帳』大木節子監修(小学館)
『平成18年版　詳細登記六法』東京法経学院講師室(東京法経学院)
『【ホームパル・デラックス】冠婚葬祭　暮らしの便利事典　改訂新版』(小学館)

弘兼憲史（ひろかね　けんし）

1947年山口県生まれ。早稲田大学法学部卒。松下電器産業販売助成部に勤務。退社後、76年漫画家デビュー。以後、人間や社会を鋭く描く作品で、多くのファンを魅了し続けている。小学館漫画賞、講談社漫画賞の両賞を受賞。家庭では二児の父、奥様は同業の柴門ふみさん。代表作に『課長　島耕作』『部長　島耕作』『加治隆介の議』『ラストニュース』『黄昏流星群』ほか多数。『知識ゼロからのワイン入門』『さらに極めるフランスワイン入門』『知識ゼロからのカクテル＆バー入門』『知識ゼロからのビジネスマナー入門』（幻冬舎）などの著書もある。

　　　　　　装幀　　　　亀海昌次
　　　　　　装画　　　　弘兼憲史
　　　　　本文漫画　　『課長　島耕作』『部長　島耕作』『取締役　島耕作』『ヤング　島耕作』
　　　　　　　　　　　『加治隆介の議』（講談社刊）
　　　　　本文デザイン　バラスタジオ（高橋秀明）
　　　　　　校正　　　　滄流社
　　　　　編集協力　　　オフィス201（斉藤あずみ）　中尾巴　元山夏香
　　　　　　編集　　　　福島広司　鈴木恵美（幻冬舎）

知識ゼロからのビジネス文書入門

2006年4月30日　第1刷発行
2009年4月5日　第3刷発行

　　　著　者　弘兼憲史
　　　発行者　見城　徹

　　　発行所　株式会社　幻冬舎
　　　　　　　〒151-0051　東京都渋谷区千駄ヶ谷4-9-7
　　　　　　　電話　03-5411-6211（編集）　03-5411-6222（営業）
　　　　　　　振替　00120-8-767643
　　印刷・製本所　株式会社　光邦

検印廃止

万一、落丁乱丁のある場合は送料当社負担でお取替致します。小社宛にお送り下さい。
本書の一部あるいは全部を無断で複写複製することは、法律で認められた場合を除き、著作権の侵害となります。
定価はカバーに表示してあります。
©KENSHI HIROKANE,GENTOSHA 2006
ISBN4-344-90082-0 C2095
Printed in Japan
幻冬舎ホームページアドレス　http://www.gentosha.co.jp/
この本に関するご意見・ご感想をメールでお寄せいただく場合は、comment@gentosha.co.jpまで。

幻冬舎のビジネス実用書
弘兼憲史
芽がでるシリーズ

知識ゼロからのビジネスマナー入門
A5判並製　定価1365円（税込）

基本ができる人が一番強い。スーツ、あいさつ、敬語、名刺交換、礼状、企画書等、なるほど、仕事がうまくいく286の習慣。

知識ゼロからの決算書の読み方
A5判並製　定価1365円（税込）

貸借対照表、損益計算書、キャッシュ・フロー計算書が読めれば、仕事の幅はもっと広がる！　難しい数字が、手にとるように理解できる入門書。会社の真実がわかる、ビジネスマンの最終兵器！

知識ゼロからの敬語マスター帳
A5判並製　定価1365円（税込）

ていねいな言葉は、人間関係の潤滑油。敬語は理屈よりも丸暗記するほうが身につくので、ビジネスシーン別に、役立つ会話をマンガで解説。自然に頭に入る、仕事ができる人の話し方の法則。

知識ゼロからの企画書の書き方
A5判並製　定価1260円（税込）

良いアイディアをより良く伝えるには技術が必要。情報の整理、ネーミングとレイアウト、プレゼンの段取りなど、「売れる企画」の練り方と「通る企画書」の書き方の基本を伝授する必読の書。

知識ゼロからの手帳術
A5判並製　定価1260円（税込）

ビジネスプランが湧き出る。仕事のモレと遅れをなくす。時間にこだわるできるビジネスマンは、手帳の使い方が違う！　予定の組み方から、情報の書き込み方まで、段取り上手のノウハウ満載！